기억력 종합의 힘!

**기억력
종합의 힘!**

1판 1쇄 인쇄 | 2025년 10월 10일
1판 1쇄 발행 | 2025년 10월 15일

지은이 | 스즈키 겐지
옮긴이 | 임종삼
펴낸이 | 한비미디어

서울시 마포구 토정로 214 (신수동 388-2)
대표전화 (02)713-3734, **팩스**(02)706-9151

등록 제 2003-000077호

ⓒ 2025by Brown Hill Publishing Co, 2025, Printed in Korea

ISBN 979-11-91879-24-7 03190
값 16,000원

*무단 전재 및 복제는 금합니다.
*잘못된 책은 바꾸어 드립니다.

AI시대 나만의 기억 종합력 뇌 메카니즘!

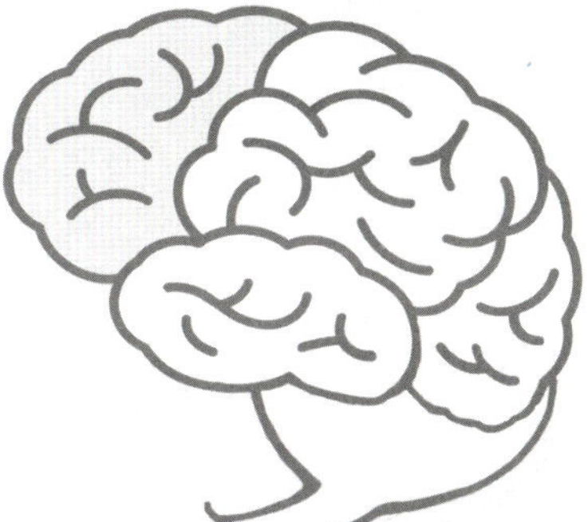

power!
기억력 종합의 힘!
Brain Streaming

스즈키 겐지 지음
임종삼 옮김

나만의 감각 경험과 기억의 종합력은 AI 시대 이후에도
가장 안전한 나의 자산이다.

차 례

제1장 **안다고 하는 즐거움을 서로 나누는 삶**
사람의 얼굴이 천차만별이듯이 행복감도 전혀 다르다. • 14
나는 한 번도 내가 기억력이 좋다고 생각해 본 일이 없다. • 17
방송 현장의 일부인 직업인으로서 제공 가능한 서비스 • 20
왜 나의 책에 TV프로그램에 대해서는 쓰지 않았는가? • 22
"말씀드리지 못해서 죄송합니다." 라고
　말하는 나날이 지나고 • 24
기억력의 식과 계산만은 해명할 수 있을지 모른다. • 27
모든 뇌를 쥐어짜서 엮어낸 생활의 방편 • 29
대본을 보지 않고 이야기하는 것은
　직업인의 당연한 재주 • 30
인간은 암기가 아니라 기억력으로 살아가는 존재이다. • 32
기억력이란 안다는 즐거움을 서로 나누는 마음으로부터 • 35

제2장 **개구쟁이 정신과 마구잡이 정신이 기억력의 원천이 된다.**
보는 것, 듣는 것에 대한 유아적(幼兒的) 호기심을 • 38

복습하기가 매우 싫어서 오직 예습만 했다. • 40

어떠한 자료도 남으로부터 얻은 것은
　　사실의 반 밖에 들어있지 않다. • 42

백과사전은 찾는 것이 아니라 누워 뒹굴며 읽고 있었다. • 42

필요에 따라 시작한 번역을
　　필사적으로 암기하여 임한 고교시절의 시험 • 46

최후 한계에 자기를 세워본다. • 49

'음, 이것으로 나도 좀 영리해졌군!'의 정신을 • 50

소박한 의문, 꼼꼼한 마음, 즐거움을 맛보는 감동이
　　기억력의 원천 • 52

손쉬운 기억술이 없는 치명적인 점 • 55

제3장　자기 나름의 리듬의 발견

실소실어증(失笑失語症)인 나에게도 부르는 노래가 있다. • 60

우리들이 7·5조의 리듬을 좋아하는 데에는
　　그만한 이유가 있다. • 62

요컨대 기억력에는 노래를 부른다는 생각이 중요하다. • 65

16자리 숫자를 앞에 두고 어떻게 하는가? • 66

수가 생기는 필연성은 2라는 수에 있었다. • 67

자기 나름의 결론을 찾아내는 과정이 중요하다. • 69

인생을 슬기롭게 사는 사람에게는 공통점이 있다. • 71

보다 잘 하겠다고 생각하는 데에 기억력의 진보가 있다. • 72

훌륭한 기사를 쓰는 기자가
　한 자 한 자 메모를 하지 않는 이유 • 74

제4장　본 인상을 강하게 하는 그림을 그리는 마음이 기억력이 된다.

엄지손가락 배에 무의식중에
　그림을 그리고 있는 나의 버릇 • 78

기억이란 인상의 재현이다 • 80

주간지를 보면서 하는 기억력 강화법 • 82

　나 나름으로 발견한 '화술(話術)의 과학'의 실용성 • 85

명화(名畵)도 감상의 방법에 따라서는
　기억력의 요령이 된다. • 88

한문자의 쇠퇴가 우리들의 기억력을 약화시키고 있다. • 91

프로그램에 대한 나 나름의 제작 순서 • 92

내가 아는 한 모조리 조사하여 생각하고 추구하는 자세 • 95

산만한 시간이 기억력을 약화시킨다.
　요점은 집중력이다. • 97

진짜 방송할 차례에서
　순간적으로 머릿속이 텅 비게 될 때 • 99

제5장　숫자 공포증이 없어지는 스즈끼식(乾本式) 노하우

자기에게 따라다니는 숫자를 우선 제대로 외운다. • 104

자릿수가 많은 숫자는 4자리로 나누어 버린다. • 108

메모나 전자계산기에 의지하지 않고 될 수 있는 대로
    자기의 뇌를 사용한다. • 110

63972 + 42817 = 106789 를 외우는 비결 • 112

외운다는 감동을 맛볼 수 있게 되면
    그때는 벌써 성공이다. • 115

백 가지를 조사하여
    한 가지를 사용하는 기분으로 일을 한다. • 116

뭔가의 기억과 결부시키면 방대한 숫자도 외울 수 있다. • 118

외운 데이터의 조합을 조금만 바꾸어도
    화제에는 불편이 없다. • 121

기억을 불러일으키는 계기가 되는 열쇠를
    자기 나름대로 만든다. • 124

제6장 연대와 역사는 점과 선의 이음으로 기억한다.

"어떻게 연대를 저렇게 막힘없이 외울 수 있을까?" • 126

TV에서 보여지는 허상을 실상으로 착각해서는 안된다. • 127

자기의 일상학(日常學)의 연장으로써
    역사에 흥미를 갖는다. • 129

단 한번이라도 좋으니 고대부터
    현대까지를 읽어본다. • 131

우선 자기 고유의 연대와 역사를 겹쳐본다. • 132

근대사부터 현대사까지 우선 이 정도로 충분하다. • 134

전문용어 역사나 시험을 보기위한
　　역사에서 손을 뗀다. • 135

우선 흥미 본위로 외우고 그 뒤에 연대표로 확인한다. • 137

고대사(古代史)에 대한 나 나름의 외우는 법은
　　바로 이것이다. • 138

쓸데없는 지식에 얽매여 단순한 지식을 잊고 있다. • 141

제7장　시를 쓰는 마음이 읽은 것을 기억하게 된다.

원고를 읽지 않는 아나운서 • 146

아무리 바빠도 현장에 나가 기억을 깊게 한다. • 147

나의 주머니에서 낸 취재비가
　　결국 정확한 기억으로 이어진다. • 149

스스로의 노력으로 감동을 바라는 마음이
　　무엇보다도 중요하다. • 150

책장 가득히 꽂혀있는 자료 중에서
　　한 권의 1급 자료를 찾아낸 기쁨 • 153

독서술이란 자기의 마음이 움직이는 곳을
　　스스로 아는 일이다. • 156

기억에는 자신 속에 줄기가 되는 심(芯)이 있다. • 158

하나의 데이터로부터 조사할 것이 속출하여
　　어느새 외우고 있었다. • 161

현장에 임하여 얼마나 많은 지혜를
　　어떻게 빨리 모으는가? • 163

아무튼 그 자리에서 일단 반복하여 외워야 할 것은
　외워버린다. • 165

한계단위에 독문력(讀文力)을 강화시키려는 노력을 • 167

같은 책을 두 번 읽지 않고 모여진 책은 기증해 버린다. • 169

제8장 올바른 말하기는 기억력의 에너지원이 된다.

진짜 말할 때에는 대본을 쓰레기통에 버린다.
　왜 그렇게 하는가? • 172

써 준 사람의 뜻을 알아서 듣는 사람에게
　강한 인상을 주는 읽기 • 174

기억에는 기억하고 있는 척하는 요소도 필요하다. • 177

대본을 읽으면서 스튜디오를
　세 바퀴 돌고나면 대본을 버린다. • 179

기억이란 무언가를 추구해가는 소설의
　가장 간단하고 쉬운 일상적인 충동이다. • 181

말하기를 성공시키는 마음의 준비 • 182

자기의 기억력을 믿어야하며
　만일 잘못됐으면 정정하면 된다. • 183

생각한 것을 미화하려는 노력이 바로 기억력이 된다. • 185

사람이 귀를 기울이는 시간은 길어야 1분 30초이다.
　- 말하기의 하나의 모범 • 187

말은 항상 듣는 사람에 대하여
　촉각적(觸覺的)이어야만 한다. • 189

기억력이 나쁘다는 인상을 주는 이야기법
  – 말하기의 하나의 나쁜 보기 • 191

단순한 암기나 기억과 참다운 기억력의 상이 • 193

제9장 　기억력 – 재미있는 연습법 : LESSON 1

「퀴즈–재미있는 세미나」의 12문을 재연해보면 • 196

12문의 문제 순서와 답을 어떻게 기억하는가? • 201

문제의 강조점을 끌어내어 그룹별로 리듬을 붙인다. • 203

완벽한 기억이 되는 나머지 20%의 노력은
  그림을 그리는 생각을 발휘한다. • 205

기억력이란 사항과 그 부대조건을
  단번에 머릿속에 넣어 버리는 힘이다. • 209

「퀴즈–재미있는 세미나」가 완성될 때까지를 재현하면 • 211

인간은 항상 기억이 교착하여 지속성을 잃고 있다.
  그러나 인간의 뇌는 거뜬하다. • 214

제10장 　기억력 – 재미있는 연습 : LESSON 2

기억은 상대와 자신에게 만족을 주어야만
  비로소 목적을 이룰 수 있다. • 218

상대가 알고자하는 사항이나 수를 어떻게 하면
  먼저 외워둘 수 있을까? • 219

숫자든 무엇이든 '문제없다' 는 태도로 임한다. • 221

숫자를 말로 해본다. • 224

기억은 머리만으로 하는 것이 아니라
   손가락으로도 한다. • 224

자기만의 생각이 독창성으로 이어지게 된다. • 226

39.1%, 23.6%, 이런 숫자를 어떻게 외우는가? • 227

훌륭한 연극의 대사는 교묘하게 연쇄되어
   기억하기 쉽게 되어있다. • 230

기억의 양이 많고 적음은 인간의 삶의 차이가 된다. • 233

기억하려고 하는 자세가 의욕의 원천이 된다. • 235

유쾌한 기억을 사이에 끼워서 즐거운 리듬을 만든다. • 237

제11장 각계각층 사람들의 기억력을 위하여

학생 여러분에게 — 선택형 문제에 이기려면
   스스로 문제를 만들어본다. • 240

자기 마음대로 한 판단으로
   자기비하에 빠져서는 안된다. • 243

샐러리맨들에게 — 한쪽 손에는 항상 책을 • 244

필요하다고 생각되는 지혜는 그 기억력이 배경에 있다. • 246

하나의 데이터는 반드시
   두 가지 이상의 의미를 가지고 있다. • 247

여성 여러분에게
   — 남성보다 뛰어난 기억력의 활용을 • 249

여성은 신으로부터 받은 훌륭한 기억력을
스스로 쇠퇴시키고 있다. • 251

중·노년층에게
— '그게 뭐더라?' 라는 말이 불어날 뿐이다. • 253

비록 진도는 늦더라도
40, 50, 60대까지는 일을 해야 한다. • 256

내가 나 자신에게 부과하고 있는 다섯 가지 마음가짐 • 257

인간은 죽음을 바라보았을 때야말로
충실하게 살아갈 수 있다. • 258

지도적 입장에 있는 여러분에게 — 인간의 아름다운
마음의 세계를 바라는 강렬한 소설을 • 259

나폴레옹의 유일한 편은 독서였다. • 260

우수한 지도자와 평범한 지도자의 차이는
소설의 유무에 있다. • 260

머릿속에 수없이 장치되어 있는 서랍에
기억이 순간적으로 출입할 수 있는 능력을…… • 262

제1장
안다고 하는 **즐거움**을 서로 **나누는 삶**

> ## 사람의 얼굴이 천차만별이듯이
> ## 행복감도 전혀 다르다.

 인간은 세계의 모든 문제를 알 수가 있다. 그러나 인간에게 있어서 가장 불가사의한 것은 바로 그 인간 자신이다. 그리고 극히 어려운 것은 인간을 이해하는 것이 서툴다는 것이다. 그렇기 때문에 저 사람은 이 사람과 어디가 다르다는 단순한 비교만으로 인간을 평가하고 그로 말미암아 그 사람을 이해할 수가 있다고 생각해 버리는 것이다.

 아마 하느님은 인간의 이와 같은 유치한 방법을 돕기 위해 극히 일부를 제외한 인간들의 얼굴을 모두 다르게 만들었는지도 모른다.

 지금 가령 지구상에 50억의 인간이 살고 있다고 가정하면 그들의 얼굴 생김새는 50억이 각각 다르게 된다. 아니 어쩌면 인간이 탄생하고부터 오늘날까지 당신과 1mm도 다르지 않은 치수의 얼굴을 한 인간은 한 사람도 존재하지 않았을지도 모른다. 하물며 필자와 같이 어디를 뜯어보아도 하느님이 잘못 만든 것이라고 밖에 생각되지 않는 얼굴은 절대로 없었을 것이라고 확신한다.

 장차 생명과학이 발달하여 세계의 모든 사람들이 윤리적으로 합의하여 하나의 난자로부터 갈라진, 즉 클론이라는 현상으로 생긴 인간이 사회에서 생활하게 된다고 가정하자. 그렇게 되면 그야말로 손오공이 자기의 털을 뽑아 입김을 불어 넣어 당장에 수많은 손오공이 생겨나는 것처럼 같은 얼굴 모양을 한 사람이 이 세상에 있게 될 것이다. 하지만 자연적인 방법을 취하는 한 인류가 전멸하기까지 그와 같이 똑같은 얼굴을 한 인간은 절대로 없을 것이다.

그야말로 하느님의 조화는 불가사의한 것이라고 생각할 수밖에 없는 일이다. 그리고 인간은 그 덕택으로 매우 편하게 살 수 있는 것이다.

인간의 눈으로 볼 때에는 하늘을 날아다니는 참새도 모두 똑같은 모양을 하고 있다. 그러나 그중에도 어김없이 암놈과 수놈이 있는 것을 보면 참새끼리는 뭔가의 수단으로 상대를 구별하고 있는 것이다. 반대로 생각하면 모두가 다 똑같은 모양을 하고 똑같은 생활로 만족하고 있다고도 말할 수 있다.

그렇지만 인간은 얼굴이 다르므로 각자 다른 생활을 하고자 한다. 만약 인간이 모두 똑같은 얼굴을 하고 있다면, 누가 대통령이 되건, 어떤 유명한 예술가나 운동선수가 뇌선 조금도 재미가 없을 것은 뻔한 일이다.

자기의 애인과 친구의 애인이 모두 똑같은 얼굴을 하고 있으며 또 자기와 친구도 역시 똑같은 인물이라면 연애의 감정도 사고방법도 거의 변하지 않을 것이므로 연애를 할 필요도 없게 될 것이다. 인간은 남성과 여성 두 가지만 있을 것이고, 종족보존의 본능만 있으면 충분할 것이다.

즉 인간은 남과 다른 데에 그 존재가치가 있다. 또 남과 자기를 다르게 하려는 것을 노력이라고 말하기도 한다. 그리고 노력을 하지 않는데도 남보다 뛰어나게 다른 사람을 천재라고 말한다.

이와 같이 다르다고 하는 관념의 대부분은 대상을 비교하는 데에서 생겨난다. 그것이 가장 빠른 방법이기 때문이다.

초등학교부터 대학까지는 점수에 의한 비교가 남과의 차이를 명확하게 한다. 그러나 사회생활에는 점수가 없다. 대신 그 사람이 착실한가 그렇지 않은가, 또는 유머나 센스가 있는가 없는가, 혹은 상냥한가 난폭한가, 그 외에 인간이 가질 수 있는 모든 선악을 포함한 인격이나 인품 등이 자기와 남과의 차이를 명확하게 해주는 것이 된다.

그런데 이런 것은 천차만별로, 특히 행복감 같은 것은 사람에 따라 하늘과 땅만큼의 차이가 생기게 된다. 지위나 부와 같이 확실히 남과 비교할 수 있는 것에서 더 뛰어나면 그것을 행복이라고 생각하는 사람도 있을 수 있으며 불쌍한 사람을 돕는 데에서 행복을 느끼는 사람도 있다. 혹은 하얀 세탁물이 바람에 휘날리는 것을 보고 행복하다고 느끼는 사람도 있다.

다만 이때 곤란한 것은 외관으로 보면 어떤 사람은 지위도 높고 돈도 많아 사람들의 부러움을 사게 되더라도, 그 자신은 가정문제에 커다란 고민을 안고 있을 수도 있다. 그래서 자기는 조금도 행복하지 않은 사람이라고 생각하는 경우도 있으며 그와 반대의 입장에 있는 사람도 있기 마련이다.

요컨대 비교한다는 것은 때로는 너무나도 단순한 작업으로 외면적인 평가는 할 수 있지만 경우에 따라서는 본질을 간과해 버리는 결과가 되기도 한다.

> 나는 한 번도 내가 기억력이 좋다고
> 생각해 본 일이 없다.

나는 지금 글을 쓰면서 마음에 갈등이 생기고 있다. 그것은 테마에 넣을 것이 없기 때문이다.

당신이 이 책의 표지를 보고 사게 된 것은, 표시를 젖힌 맨 처음의 글에서 뛰어난 기억력이 당장 갖추어질 것이라는 기대감이 있었기 때문일 것이다. 그러나 내가 이토록 장황하게 전제조건을 내세우고 있는 것은 나 나름대로의 이유가 있기 때문이다.

결론부터 말하자면 나는 내가 기억력이 좋은 사람이라는 것을 태어나서부터 지금까지 한 번도 생각해 본 적이 없다. 오히려 얼마나 기억력이 나쁜 사람인가라고 머리를 감싸며 깊은 한숨을 쉬어 본 경험만이 있을 뿐이다. 그럼에도 불구하고 최근 20년 가까이 만나는 사람마다 ,

"어떻게 하면 그렇게 많은 사항을 기억할 수 있으며, 억부터 소수점 몇 자리까지의 숫자를 차례로 틀리지 않고 말할 수 있고, 역사의 연대 등도 정확하게 말할 수 있는가? 거기에는 뭔가 특별한 방법이 있지 않은가?"

라는 질문을 나에게 해왔다. 그리고 신문, 잡지, 주간지 기자들에게 얼마나 많은 취재를 받아 왔는지 생각만 해도 정신이 아찔할 정도이다.

그래서 나는,

"아무 일도 아닙니다. 첫째로 눈을 껌벅거리며 열심히 기억하려고 생각해 본 일도 없어요. 그러니 뭐라 대답할 말이 있겠습니까, 미안합니다."

어떤 사람에게도 또 어떤 기자에게도 나는 이런 말 밖에 할 수가 없다. 그리고 그것이 사실이다. 항상 같은 일을 하고 있는 방송국 스태프들조차 언제 외웠는지 알 수 없는 일을 말하고 있을 정도이니까.

이것은 분명히 본질을 잃고 있는 것이다. TV에 나오는 나라고 하는 외견에 얽매여 나라고 하는 인간의 진짜 알맹이를 모르고 있는 것이다. 그 때문에 나는 문장을 쓸 때에는 될 수 있는 대로 빨리 그 문제의 본질에 들어가지 않으면 안 된다는 나의 신념에 반하여 이렇게 장황하게 전제조건을 늘어놓지 않으면 안 되었던 것이다.

그러나 나를 아는 모든 사람들은 한결같이 이렇게 말하고 있다.

"아니, 모두가 당신을 특별하게 생각하고 있는 것은 역시 거기에 남과 다른 무엇인가가 있기 때문이며, 이러한 사람들의 의문에 대답하여 해명해 주는 것은 일종의 사회적 책임이라고 생각한다. 아무튼 초등학생부터 노인들에 이르기까지 모두가 왜 그럴까하고 생각하고 있으니까."

나에게 있어서는 매우 과대한 말이며, TV에 나오는 것은 나의 직업으로 나는 이로 말미암아 생활을 꾸려 나가고 있는 것이다. 그것이 어찌 사회적 책임이라는 거창한 일로 이어지는지 알다가도 모를 일이다.

방송 현장의 일부인 직업인으로서 제공 가능한 서비스

나는 방송 현장의 일부인 직업인에 지나지 않는다. 어떻게 하면 이 프로그램이 재미있게 될까 하는 점에만 열중하여 TV가 방영되기 1년 전, 그러니까 1955년부터 지금까지 40년 가까이를 살아왔을 뿐이다. 즉 내가 숫자를 말하는 것도 그러한 편이 프로그램을 더 재미있게 만들 것이라고 생각하기에 말하고 있는 것이다. 메모를 보면서 말하는 것과 그냥 그대로 말하는 것은 TV를 보고 있는 사람들의 반응이 틀림없이 다를 것이라고 계산된 것이다. 그래서 그냥 그대로 말하는 것은 이 프로그램의 스태프들이 이 문제를 잘 조사했구나, 어디서 잠깐 빌려 온 것도 아니고 완전히 자기 것으로 만들었구나하고 느끼게 할 것이다. 그렇게 된다면, 시청자들에게 프로그램에 대한 신뢰감도 높아질 것이라고 생각되기에 메모 같은 것은 전혀 보지 않고 그대로 말하고 있을 뿐이다.

메모를 보면 당연히 아래쪽으로 시선을 돌리게 된다. 그렇게 되면 출연자나 시청자와 눈으로 이어질 수 없게 된다. 따라서 마음도 끊어지게 마련이다. 이것은 일상적인 회화에서도 경험할 수 있는 바다. 마음이 끊어지면 프로그램의 재미있는 긴장감도 중단되어 버린다. 그렇게 되면 그 프로그램은 아무 소용이 없게 된다. TV라는 것은 보는 것이다. 나의 입장에서 보아주기를 바라는 것이 나의 본뜻이다. 일단 프로그램이 시작되면 끝날 때까지 눈 깜박도 않고 거기에 열중하는 것이 내가 프로그램을 만드는 하나의 기본적인 생각이다.

요컨대 나는 나에게 주어진 범위를 최대한으로 사용하여 나 자신이 가능한 한 서비스를 제공하지 않으면 안된다. 그리고 그것이 곧 내가 해야 할 일이며 직업인 것이다. 따라서 나는 나의 직업의식에 충실했을 뿐이다. 이것이 본질인 것이다.

그런데 TV를 보는 사람들은 내가 뛰어난 기억력이 있는 사람이라고 보고 있는 것이다. 내가 왜 그렇게 외울 수가 있는가라는 질문에 대하여 전혀 대답을 할 수 없는 것은 말할 것도 없고, 오히려 당황하여 상대를 바라보고 불안해하는 것은 자연적인 모습이다. 내가 그 질문에 대답할 수 없을 것은 뻔한 일이다. 그것은 분명히 보는 사람들의 오해이기 때문이다.

그러나 오해도 그것이 중첩되면 어느새 진실로 되어버리는 수가 있다. 나의 근무처에서는 시청자의 많은 요청에 따라 내가 어떻게 하여 조사하며, 자료를 읽고 기억하고 있는가를 프로그램으로 만들었고, 요 3,4년 동안에는 출판요청까지 있었다. 그래서 나는 지금 나의 안이한 기억술에 대하여 말하고 있다.

한때는 매일, 그것도 여러 매스컴에서 취재를 요청해 오거나 몇몇 대학의 심리학이나 생리학 연구실에서 설명을 의뢰하는 일도 있었다. 그야말로 나는 실험실의 개구리와 같은 신세가 되었다.

왜 나의 책에 TV프로그램에 대해서는 쓰지 않았는가?

그러나 그 어느 쪽에도 나는 이렇게 대답할 수밖에 없었다.

"아무리 조사해도 소용이 없는 일이다. 첫 번째 이유는 전혀 설명할 수 없기 때문이다. 두 번째는 어려서부터 이제까지 나 스스로 내가 기억력이 좋은 사람이라고 생각한 일이 한 번도 없었기 때문이다. 세 번째로 만약 내가 그 방법을 구체적으로 말하거나 쓰게 된다면, 누구에게나 이해하기 쉬운 것은 지금 내가 담당하고 있는 「퀴즈-재미있는 세미나」를 소재로 하지 않으면 안될 것이기 때문이다.

그런데 나는 「퀴즈-재미있는 세미나」나, 동시에 담당하고 있는 일요일 아침 7시 30분부터의 「안녕하십니까」, 그리고 퀴즈-재미있는 세미나와 병행하여 방송하고 있는 「역사로의 초대」와 같이 프로그램 그 자체를 출판화할 경우를 제외하고는 사적인 저서에는 프로그램이나 방송에 대해서 절대로 쓰지 않기로 했던 것이다. 아니 내가 쓴 저서 약 90권을 모두 훑어보더라도 방송에 관한 대목이나 프로그램에서 인용한 것은 모두 합쳐도 2면도 되지 않을 것이다."

이렇게 대답하면서 상대편의 이해를 더 돕기 위해 또 다음과 같이 대답하고 있다.

"왜냐하면 프로그램은 수많은 스태프들의 협력에 의하여 완성되는 것으로, 이것을 개인의 것인 양 쓰거나 말한다는 것은 잘못된 일이고 도리에 어긋난다. 이는 내가 가지고 태어난 성질로 보아 참을 수 없는 일이다. 후에 다른 사람이 처음으로 집필할 때에 항간의 방송이나 프로그램에 대해서는 절대로 쓰지 말라고 충고하고 있을 정도이다.

현역 중에는 물론이고 이와 같은 나의 생각은 평생 계속 지켜갈 것이다.

보도나 교양, 예능 등 모든 프로그램은 전체를 10으로 한다면, 기획연출이 5, 시설스태프가 2, 미술스태프가 2, 운이 0.5, 그리고 개인이 0.5 정도의 비율로서 힘의 밸런스를 유지하고 있는 것이 현재 방송의 실정이다.

드라마에서도 기획과 각본, 연출이 5, 배우가 3, 스태프가 1.5, 운이 0.5 정도가 된다고 생각한다.

오랫동안 근무하면서 스포츠를 제외한 모든 분야의 프로그램을 담당해 왔으므로 혹시 나의 경우는 개인의 부분이 0.5보다는 다소 많을지도 모르나 그래도 0.1이 더해져서 많아야 0.6 정도가 될 것이다."

"말씀드리지 못해서 죄송합니다." 라고 말하는 나날이 지나고

게다가 나는 조상 대대로 어려운 장인 집안에서 자랐기 때문에 말씨도 서툴고 소위 아나운서가 된 뒤로도 표준어가 매우 서툴렀다. 그리고 두 평도 못되는 어두컴컴한 방 한구석에서 책을 읽거나 원고지의 빈칸을 채우는 것이 내 성격에 맞아 많은 사람들의 앞에 나가는 것은 맞지 않는 성격이다.

평생에 한번쯤은 취직시험이라는 것을 보겠다고 원서를 냈었는데, 어떤 이유인지 NHK에 합격했고, 게다가 그것이 어떤 일을 하는지도 잘 몰랐던 것이다. 말만 하면 된다고 하기에 매우 재미있을 것이라는 생각 밖에 갖지 못했다.

따라서 나는 이 분야에서 몇 년을 해보아도 제대로 향상되지 않았다. 그래서 나는 더 이상 창피를 당하지 않겠다는 생각에서 내가 취직 후 오늘날까지 오직 프로그램 속에서 한 부분을 담당을 하고 있으며, 사회자로서 나의 이름을 내세운 일은 한 번도 없었다.

TV라면 그 밑에 이름이 화면에 찍혀 나오므로 그것으로 충분하다고 생각하며 「퀴즈-재미있는 세미나」에서도 나는 이 연습의 주임교수라고 소개하지만 이름은 말하지 않고 있다. 뉴스도 프로그램도 조직이 무엇을 어떻게 전했는가가 중요한 것이다. 그래서 나는 늘 '제대로 대납을 해드리지 못해서 죄송합니다.'라는 말을 앵무새처럼 되풀이하고 있다.

나는 이 대사의 전부, 또는 반, 때로는 몇 줄을 이제까지 얼마나 많이 말해왔는지 모른다. 매스컴의 취재 이외에 만

나는 사람마다 듣게 되는 것까지 생각한다면 아마 수 만 번은 될 것이라고 상상한다.

"기억력에 대해서는 대답할 수 없습니다."

이런 식으로 종이에 써서 목에다 걸고 다닐까도 생각했었다. 그러나 그 동안에도 세월은 자꾸 흘러 근무처도 창립 이래 전례가 없는 일인데 2년이나 나의 정년을 연장해 주었다. 모두들 나를 TV의 터줏대감이라고 말하고 있으며 어쩌면 어딘가에서는 세대교체라는 말도 속삭이고 있을 것이 틀림없다. 그래서 나는 이 정도에서 물러날 때라고 생각하여 1990년 1월 24일, 내가 59세가 되던 생일에 말하자면 세 번째의 정년을 맞이하기로 했다.

앞으로의 생활을 여러분이 걱정해 주었지만, 나는 일개 직업인으로 정년이 되어 조용히 현장을 떠나가는 것이다. 너무 주위에서 시끄럽게 하는 것은 나의 삶과는 맞지 않으므로 선배, 동료, 후배 여러분에게 오랜 시간의 교제를 감사하며 방송국을 뒤로 하기로 한 것이다.

아무도 전송해 주는 사람은 없지만 오직 한 가지 기억력에 대하여 가르쳐달라는 소리만은 여전히 많은 사람들에게 편지나 전화로 전해 듣게 되었다.

> 기억력의 식과 계산만은 해명할 수
> 있을지 모른다.

나는 곰곰이 생각했다. 기억을 어떻게 하는가에 대한 기술적인 방법은 전혀 없는 것이다. 그러나 이토록 많은 사람들로부터의 요구를 무시할 수도 없는 일이 아닌가.

만약 있다고 하면 자기를 자기 스스로 철저하게 추구하여 가능한 한 심리를 세밀하게 분석하면, 그 어딘가의 과정에서 이것이 기억력의 원천이라고 책을 읽는 사람들이 각각의 입장에서 하나의 힌트로 꼬집어 낼지도 모른다. 그렇다면 뭔가 쓸 수 있지 않겠는가하고 생각했던 것이다. 즉 식과 계산만으로 답은 잊고 있는 사람들에게 맡기기로 했다.

다소 비겁한 것 같지만 그 외에는 전혀 수단이 없다는 것도 나는 알게 되었다.

몇 가지 예는 「퀴즈-재미있는 세미나」를 인용하지 않으면 안되는데, 프로그램 자체도 끝났으며, 스태프들의 활동상을 쓰거나 추억을 말하는 것이 아니라 무작위로 문제를 배열하여 대본의 형식만을 극히 조금 빌릴 뿐이므로 그다지 큰 신세는 지지 않게 될 것이라고 생각한다. 그래서 내가 나의 일을 하는 틈틈이 메모를 쓰는 식으로, 그리고 일기를 쓰는 식으로 원고를 쓰게 된지 약 25년 동안에 모든 작품의 집필 때보다도 더 한층 심한 두려움과 자기 불신을 품으면서 열차 안이나 비행기 속에서 원고지 위에 볼펜을 달리게 한 것이다.

 이제까지 나는 400자 원고지를 16장이나 사용하고 있다. 나에게는 12장으로 정리한 단편소설 식의 읽을거리가 여러 권 있다. 따라서 소설보다 장황한 전제조건이 되어 버렸는데, 이렇게라도 하지 않으면 나 자신이 뭔가 커다란 죄를 짓는 것 같은 생각이 들었기 때문이다.

 자신을, 그리고 자신의 내부에 전혀 존재해 있지 않은 것을, 내가 확신하고 있는 기억력을 중심으로 분석하려고 하는 것이다. 게다가 내가 이 글을 쓰려고 하는 이유는 이제까지 나의 저서들이 극히 적은 양이기는 하지만, 나 자신이 뭔가를 써서 남겨야겠다는 촉발에 바탕하고 있었는데, 이 책만은 시청자라고 칭하는 남들에게 재촉을 받고, 매스컴이라고 불리는 남들의 요구에 할 수 없이 응하는 형식으로 쓰게 된 것이다.

모든 뇌를 쥐어짜서 엮어낸 생활의 방편

그런데 여기서 독자들에게 부탁이 있다. 이 책을 기억력을 좋게 하기 위한 입문서라든가, 기억술이 쓰여 있는 책이라고 생각하지 말라는 점이다. 혹시 당신이 기대하고 있는 기억이 좋아지는 노하우는 어디에도 쓰여 있지 않다. 아니 쓸 수가 없었는지도 모른다. 만약 당신이 다른 사람들과 마찬가지로 나에 대하여 의문을 품고 있다면 그것을 설명하기 위한 어설픈 문장이 장황하게 엮어져 있는 책이라고 생각해 주기 바란다.

방송 현장의 한쪽 구석에 있는 보잘 것 없는 일개의 직업인이 산전수전 다 겪기 위해, 있는 모든 뇌를 쥐어짜서 엮어낸 생활의 방편이라고 생각해 준다면 다행이겠다.

그러나 혹시 이 생활의 수단이었던 것이 하나의 포인트가 되는 때도 있을 것이다.

대본을 보지 않고 이야기하는 것은 직업인의 당연한 재주

　기억이라고 하면 우리들은 곧잘 암기를 생각하게 된다. 사실 시험 때가 되면 초등학생부터 어떻게 하면 그렇게 외울 수 있는가를 가르쳐 달라는 엽서가 산처럼 보내져왔다. 좀 냉정한 것 같지만, 나는 암기와 기억은 비슷하기는 하지만 기본적으로는 다르므로 대답할 수 없다고 회신했던 것이다. 암기는 단순히 내일의 시험에 도움이 될 뿐이다. 그리고 그것은 자기를 위해서밖에 작용하지 못한다.

　그런데 내가 외우는 것을 필요로 하는 것은 우선 만약 내가 메모나 대본이나 자료를 보아가면서 프로그램을 진행한다면 그런 것들을 오려내는 책상 앞에서 나의 위치가 고정되어 버리며, 앉아서 프로그램을 할 수밖에 없기 때문이다. 그런 사소한 일 때문에 모처럼 프로그램이 엮어내는 분위기를 감소시켜 버리는 결과가 되기도 한다.

　물론 나도 보면서 하는 것이 훨씬 편하다. 아무런 공부도 하지 않아도 되기 때문이다. 잠깐 동안의 경험과 기술, 웃는 얼굴만 있으면 스튜디오의 입구에서 대본을 받고 '예, 곧 방송에 들어갑니다.'라고 자신있게 말할 수 있다. 모든 것을 대본 그대로 하면 되기 때문에 이렇게 편한 직업도 없다.

이것으로 월급이나 출연료를 받게 된다면 그야말로 벌 받기 십상이다. 역시 땀을 흘려 일하는 것이 얼마나 보람이 되는지 모른다.

내가 흔히 신문이나 잡지에서 대본을 보면서 사회를 보는 사람에게는 출연료를 주지 말라고 오랫동안 주장하고 있는 것은 오직 이 때문이다. 노력하지 않고 성공하는 방법이란 세상 어디에도 없다는 것이 나의 신념이다.

다음에는 내가 아무것도 보지 않고 말함으로써 적어도 TV를 보고 있는 사람들에게 이 프로그램은 나를 포함한 스태프 모두가 사전에 잘 조사하여 충분히 공부하고 있다는 생각을 불러일으키지 않을까하는 믿음이다. 대본을 뒤적거리며 말하게 되면, 이미 그것은 상의가 끝난 일을 진짜 말을 하는 단계에 가서는 그것을 오직 복습하고 있는 것에 지나지 않으며, TV를 보고 있는 사람은 비록 아무 말 없이 보고 있다고는 하나 금방 얼굴을 찡그릴 것이 뻔한 일이다. 프로그램은 항상 생생하게 살아 있지 않으면 안된다.

결국 나는 수천만 명이라는 시청자를 위하여 내가 할 수 있는 범위에서 가능한 한 모든 서비스를 철저하게 제공하지 않으면 안되는 것이다.

인간은 암기가 아니라
기억력으로 살아가는 존재이다.

    출제의 순서를 외우고 수집한 자료의 모든 것을 기억해 두고, 그것을 그 장소의 분위기에 따라 사용하여 TV를 보는 사람들에게 '안다는 것은 즐거운 일이구나.' 라는 기분을 맛보게 하는 것이 이 프로그램 속에서 나의 역할인 것이다. 그것은 앞에서 말했듯이 전체의 0.5, 즉 1/20에 지나지 않지만 나 개인에 있어서는 100%의 일인 것이다. 여기에 암기와 기억의 다름이 있지 않을까 한다.

    간단하게 말하면 암기는 당장 그 자리의 자기를 위한 도움밖에 되지 않는다. 물론 기억에도 그런 면이 다분히 있다. 그러나 만약 당신이 첫사랑의 모습을 기억 속에서 불러 일으켜 생각할 때 어쩌면 거기에 십대의 싱싱하고 젊은 청춘을 뇌리에, 그리고 다시 한 번 과거의 자기와 같이 순수하게 살아보려는 마음이 희미하기는 하지만 되살아날지도 모른다. 그것은 분명히 암기와는 다르다.

    오랜만에 학창시절의 친구들과 만나서 즐거웠던 무렵을 유쾌하게 이야기하고 기억을 확인하며 술잔을 기울이는 쾌적한 기분의 원천은 결코 암기라고 부를 수 없는 것이다.

    당신에게도 틀림없이 있겠지만 나에게도 나의 일생의 모

든 견해나 사고를 좌우하는 만남이 있다. 남자는 오직 일해야 한다는 것을 무언중에 가르쳐주고, 죽음이란 이렇게 하면 된다며 나의 눈앞에서 조용히 숨을 거두신, 죽음이라고 하는 인생 최후의 법을 남겨준 아버지. 상냥함과 연민의 정을 전수해주고 내가 아버지로부터 암묵 중에 전수받아 죽어가는 사람에게 인간은 무엇을 하면 되는가를 나에게 직접 실천시켜주고, '내가 안녕히 가세요.'라며 눈꺼풀을 덮어드린 어머니. 신체장애자에 대한 연민의 정이나 남에 대한 친절한 인사를 하는 것이 소중하다는 것을 가르쳐준 초등학교 6학년 때의 담임선생님 등.

태평양전쟁이 시작된 지 얼마 되지 않아 나는 어떻게 살아갈 것인가에 대하여 고민하던 청소년기인 중학교 3학년 때, 우연히 만나게 된 어느 작가는 이런 말을 했다.

"젊음이란 그것만으로도 아름답다. 하나의 인간의 넋을 붙잡는다는 것은 별세계의 모든 것을 자기의 수중에 넣는 것보다도 훨씬 귀중하고 어려운 일이다."

이 말은 이제까지 나의 모든 저작활동에 있어 일관되게 흐르는 인산찬가의 기초가 되었다. 그리고 선후에 고등학교 3년간의 기숙사 생활과 그에 이어지는 도호쿠(東北) 대학에 재적하여 보낸 대자연 속에서의 소박한 생활이 있다. 그 외에 나에게 마음을 열게 해 준 친구들이나, 우연히 마주친 것만으로도 일생동안 잊을 수 없을 정도의 인상을 남겨준 사람들이 있다.

그러한 사람들을 생각할 때마다 나의 몸속에는 오냐, 조금만 더 살아야겠다는 용기가 솟아오르는 것이었다. 그것은 오직 기억력 덕분이며 그 외에는 아무것도 아니다. "안다는 것은 즐거움이다."라는 옛 격언은 이러한 마음의 사실을 가리키는 것이 아닌가 한다.

기억력이란 안다는 즐거움을
서로 나누는 마음으로부터

즉 내가 TV에서 하고 있는 것은 나의 기억을 바탕으로 하여 TV를 보는 사람들과 즐거움을 나누거나, 안다는 즐거움을 조금이라도 제공해주려는 나의 사소한 마음을 나타내는 것일 뿐이지, 기억 그 자체는 아니라는 것을 여기에서 말해두고 싶다. 더욱이 그것은 암기와는 전혀 관계가 없다.

내가 많은 학생들로부터 오직 암기를 할 수 있는 방법을 가르쳐달라는 문의에 대해 그런 것은 없다고 비정한 대답을 하거나, 기자들이나 그 외에 만나는 여러 사람들마다 물어오는 '어떻게 그토록 잘 외울 수가 있는가?'라는 질문에 '글쎄요.'라고 눈을 감아버리는 것은 말로 아무리 설명해도 소용이 없다. 이는 나를 위해서가 아니라 시청자라는 남을 위해서 하는 기억과 같은 것은 말로는 납득을 시킬 수 없는 것이라고 생각하기 때문이다.

말하자면 암기는 오직 그 자리를 메우려는 방편에 지나지 않지만, 기억은 인간의 삶 자체에 관계되는 일이다.

성적이 좋은 아이는 공부하기를 고통스럽게 생각하지 않을 뿐 아니라 학문을 자기에게 주어진 하나의 즐거움으로 삼고, 다른 아이들보다 더 앞서려고 하는 생활법도 찾고 있는 것이다. 그러니까 이런 아이는 암기만 하고 있는 것이 아닌 것이다. 훌륭한 운동선수나 예술가도 마찬가지이다.

요컨대 내가 이 책에서 나 나름의 방법론을 공개하기 전에 유독 한 장을 할애하여 장황하게 전제 이야기를 한 것은, 만약 당신이 기억을 조금이라도 좋게 하려고 생각한다면 우선 알려고 하는 작업을 고통스럽게 여기지 않아야 한다는 점을 일러두기 위해서이다. 지식을 많이 갖는다는 것은 곧 인생을 즐겁게 하는 것이다.

원래 이 세상은 즐거움인 것이다. 근심과 걱정이란 인간이 제멋대로 자기의 마음속에서 만들어내고 있는 것에 불과하다. 기억의 바탕이 되는 것은 눈과 귀이다. 눈이 부자유스러운 사람에게는 점자가 있고, 귀가 먼 사람에게는 보청기가 있다. 우선 감각을 그야말로 눈 가득히 넓혀서 살아가는 인간으로서의 즐거움을 기억력을 통하여 맛보도록 해야 할 것이다.

제2장

개구쟁이 정신과
마구잡이 정신이
기억력의 원천이 된다.

보는 것, 듣는 것에 대한 유아적(幼兒的) 호기심을

　이해력이 붙기 시작한 유아에게 있어서 보는 것, 듣는 것, 맛보는 것, 냄새를 맡는 것, 즉 오감을 통해 전해지는 사항은 모두 처음 경험하는 것이다. 그러므로 유아는 이것이 무엇인지 의심을 갖게 되며 어른이 볼 때에는 귀찮은 질문이 될 수도 있다. 그 말을 계속해서 듣고 있는 부모로서는 일일이 설명을 해주지 못할 경우도 있다.
　그런데 부모로부터 관심을 끌지 못하거나 귀찮다고 큰 소리를 듣는 순간 그 어린아이의 슬픈 표정을 알고 있는가? '아, 잘못했군!'이라는 후회가 가슴을 메우게 된다.
　다음에는 그 후회를 그대로 메우려고 한다.
　나에게는 이 유아성이 이 나이가 되어도 상당히 많이 남아있는 것 같다. '저거다!' 하고 이상하게 느껴지는 사항은 무조건 체면을 생각하지 않고 무엇이든 질문을 해버린다. 손윗사람에게는 말할 것도 없고 젊은 사람이나 어린 아이들에게조차 묻게 된다. 나에게 꼭 갓난아이와 같은 이런 버릇이 있는 것을 알게 된 것은 중학교 때였다. 초등학교를 졸업할 때까지 몸이 허약해서 운동능력이 전혀 없었던 나는 중학교 1학년이 되어 마침내 수영부에 들어가게 되었고 졸업을 할 때까지 오직 수영을 하는 데에 열중했었다.

　기초체력이 없었기 때문에 시합을 하면 언제나 꼴찌였고 운동을 할 수 있는 즐거움으로 만족했던 것이다. 그 대신 공부는 낙제를 하지 않을 정도로 했다. 국어, 수학, 영어도 물리, 화학도 한 권의 노트에 전 과목을 필기해 두었다. 때때로 노트를 제출해야 하면 전 과목을 한꺼번에 내야 했으므로 참고하기 위해 노트를 한 것을 보고자 해도 볼 수가 없었으며, 선생님도 '뭐야, 이 노트는' 하고 이상한 얼굴을 했었다.

　게다가 그 노트는 1년을 써도 반밖에 쓰지 못했다. 기껏해야 1과목이 3, 4쪽밖에 되지 않았다. 메모라는 것은 잊지 않기 위해 하는 것이므로 시험 때는 그것만 보고 가면 우선 시험은 치를 수 있는 것이다. 1년에 3, 4쪽을 필기하면 1학기는 1, 2쪽밖에 되지 않는다. 게다가 중간시험과 학기말시험으로 나누면 시험공부는 1면의 노트를 보면 끝나게 된다.

　그 때문에 나는 이제까지 학교의 공부나 시험공부를 한 기억이 전혀 없다. 무턱대고 밤늦도록 책을 읽던 것과 수영 외에는 기억하지 못한다. 성적은 초등학교 때가 상의 상이고, 중학교 때는 중의 중, 고등학교 때와 대학 때에는 하의 하로 꼴찌였다. 그래서 졸업을 할 때에는 아주 형편없는 성적으로 겨우 졸업장을 얻게 된 것이다.

> **복습하기가 매우 싫어서 오직 예습만 했다.**

아무튼 나는 복습하기가 매우 싫었다. 한 번 배운 내용을 두 번 반복해봤자 무슨 소용이 있겠냐는 생각이었다. 그래서 TV의 프로그램을 만들 때에도 그대로 진짜 프로그램으로 들어가게 되고 테스트는 거의 하지 않았다. 그래서 함께 일을 한 연출자는 상당히 곤란을 겪었으리라 생각된다. 미안한 일이지만 제대로 테스트를 하면 진짜 프로그램은 하나의 복습이 되고 프로그램에 생기가 없어지는 것이 나로서는 견딜 수 없었던 것이다.

반대로 나는 예습을 매우 좋아했다. 교과서는 학교에서 받은 그 날 밤에 모두 읽어버리고, 고전이나 영어는 사전을 찾아가며 문법도 모르면서 적당히 이어 붙여 읽어갔다. 이런 과정은 대강의 줄거리를 알게 되어 새로운 지식을 얻는 것 같이 매우 즐겁기만 했다.

이 점이 어쩌면 내가 다른 아이들과 다른 부분이었는지도 모른다. 선생님에게 배우기 전에 나 스스로 뭔가를 알고자 하는 마음이 틀림없이 있었던 것이다.

중학교 1학년의 겨울, 태평양전쟁이 시작되고 날로 격심해져서 5년을 다녀야 할 중학교는 수업연한이 4년으로 단축

되고 게다가 4학년 때에는 근로동원이니 뭐니 해서 공장으로 나가야했다. 졸업 직전에는 그 참혹한 도쿄 대공습으로 스미다가와 근방에 있는 뒷골목에 있었던 나의 생가는 하룻밤 사이에 한 줌의 재가 되어 버렸다. 참혹한 청소년기였다.

결국 5년을 다녀야 할 중학교에서 실제로는 3년 밖에 수업을 받지 못했으므로 학력 부족은 말할 것도 없고, 적성어(敵性語)였던 영어는 물론이고 국어, 수학 등 모든 과목에 걸쳐 기초학력이 부족했다.

게다가 공부는 낙제를 하지 않을 정도로 해야겠다고 결심하여 필기를 하지 않았으므로 수업 중에는 선생님의 얼굴을 뚫어지게 보고 있거나, 그림을 그리거나 낙서하기를 좋아했었다.

그런데 수업이 끝나기 직전의 1, 2분 전이 나의 승부를 좌우했다. 용기 있게 손을 들고 수업과는 아무 관계가 없는 질문을 하는 것이다. 그러면 선생님은 순간 막혀서 대답을 못 하셨고, 그것이 나로서는 퍽 재미있게 보였던 것이다.

> 어떠한 자료도 남으로부터 얻은 것은
> 사실의 반 밖에 들어있지 않다.

　나는 36년간 방송국에 근무하며 초창기 TV의 세대를 보내는 동안에 신문이나 잡지에 뉴저널리즘의 개척자니 뭐니 하여 알 것도 같고 모를 것도 같은 별명을 얻게 되었다. 그런데 나대로 일관되게 관철시켜 온 것은 "어떠한 자료도 남으로부터 얻은 것은 사실의 50% 밖에 담겨있지 않다. 나머지 50%는 자기가 직접 조사해야 한다!"라는 생각이었다.
　이 때문에 나는 보통 사람들의 3배나 6배는 바쁘게 보였는데 그 바탕은 오직 중학교 시절의 청소년기에 있었던 것 같다.

> 백과사전은 찾는 것이 아니라
> 누워 뒹굴며 읽고 있었다.

　그리고 또 하나, 어쩌면 이것이 나의 기억력에 이어지는 것이 아닌가 한다.
　나는 스미다가와 근방에 있는 뒷골목에서 태어나 자랐는데 중학교에는 어떻게 된 셈인지 산기슭에 있는 제일도쿄시

립중학교, 즉 명문학교로 진학했던 것이다.

내가 입학을 했을 때의 담임선생님은 지금도 살아 계신다. 입학식 날 1학년 B조에 들어가게 된 우리의 교실은 영어회화 교실이라 하여 교실의 절반이 응접세트로 채워져 있는 매우 호화스러운 교실이었다. 이 학교는 과거 도쿄시가 많은 돈을 들여 만든 학교로 전쟁 전에는 실내체육관이나 관람석까지 있었다. 전체가 타일로 장식된 실내수영장, 그리고 극장과 같은 강당, 천문대, 지진계실, 무대가 있는 음악회실, 전교생이 들어가서 점심을 먹을 수 있는 식당 등이 구비된 매우 훌륭한 학교였다. 학생들의 학부형도 당시 일본을 지도하고 있던 저명인사들이 많았다. 반면 나의 아버지는 작은 공장을 경영하며 자전거의 부품을 만들고 있었으므로 그들 틈에 낄 정도도 못되었다.

그런데 우리들이 기다리는 동안 교실에 들어온 젊은 담임선생님은 갑자기 영어로 인사를 했다. 솔직히 말해서 당시 나는 그것이 영어라는 것도 모르고 있었다. 이 사람은 외국에서 왔나하고 생각할 정도였으며, 그저 입만 멍하니 벌리고 있었나.

이 담임선생님은 불과 3개월 정도 우리를 지도해 주셨고 곧 군대에 입대하고 말았다. 그리고 일선으로 나가기 전, 훈련소에 있을 때 우리들은 여럿이서 그를 면회하러 갔었다.

그때 나는 뭔가를 질문하고 싶었다. 그러나 무엇을 질문했는지 기억하고 있지 않지만 그때 선생님의 대답은 정확히 기억하고 있다. 그것을 추리하여 보면 "나는 일본말과 영어를 말할 수 있지만 이 세계에 어느 정도 많은 종류의 말이 있는가, 종류가 많으면 불편하므로 모두가 사용할 수 있는 말은 없을까? 그리고 그 많은 말들을 조사하려면 어떻게 하면 좋은가?"라는 내용이었던 것으로 생각된다.

왜냐하면 그 선생님의 대답은 세계 공통언어로써 에스페란토라고 불리는 말이 있으며, 뭔가를 조사하려면 우선 백과서전을 찾아보면 된다고 했기 때문이다.

에스페란토도 백과사전도 중학교 1학년인 나로서는 처음으로 듣는 말이다. 서점에 가서 에스페란토의 사전을 샀다. 조금 외워 보았으나 역시 어학은 가르쳐주는 사람이 없으면 12세인 나로서는 무리였기 때문에, 결국 덮어두고 말았다.

그리고 나는 백과사전에 깜짝 놀랐다. 그때까지 내가 읽은 책 중에서 가장 두꺼운 책은 녹색표지를 한 전집이며, 다음이 또 다른 전집이었다. 이 책은 외갓집 2층 책장에 있었던 것으로, 초등학교 5, 6학년 때에 나는 이 책을 읽는 데 열중했었다. 그런데 백과사전은 각 권의 크기가 더욱 크고, 게다가 권수도 훨씬 많았다.

그야말로 단순한 만남이었으나 이것은 매우 중요한 일이

었다고 생각한다. 즉 보통사람들에게 있어서 백과사전은 사전의 일종이며, 문자 그대로 필요한 대목이 기재되어 있는 항목을 찾아서 참고로 하는 것인데 나에게는 다른 책과 같이 그저 읽는 책이었던 것이다.

필요한 곳을 찾아서 알았으면 그만이라고 하여 그대로 덮고 책장에 꽂아버리는 것과 틈이 날 때에 ㄱ부터 ㅎ까지 알든 모르든 읽어가는 것과는 뜻이 다르다.

나는 평소 습관이 되어 있었으므로 특별히 인상에 남지는 않았지만, 중학교 때 나는 등하교 시 전차나 버스 안, 그리고 수업 중간에 있는 휴식시간에는 반드시 문고판을 읽고 있었다고 지금도 친구들이 이야기를 한다. 그런데 나는 오히려 그보다 누워 뒹굴면서 사전을 찾고 있던 나 자신을 생각하고 있다.

나의 저서 중에 몇 가지, 이를테면 저자활동을 시작한 초기의 것으로 인사하는 방법을 쓴 책이 있었다. 책의 머리말에는 반드시 이 책을 사전과 같이 찾지 말고 처음부터 끝까지 읽어달라고 호소하는 말을 쓰고 있는데, 이는 분명히 내가 사전과 함께했던 소년시절의 추억과 같이 생각된다. 그렇게 하지 않으면 내가 참으로 의도하고 있는 것을 독자들이 이해하지 못할 것이기 때문이다.

나의 담임선생님은 10년간 소련에 억류된 뒤에 귀국하여 다시 교단에 서게 되셨다. 앞의 이야기가 있고부터 꼭 20년이라는 세월이 흐른 뒤였는데, 그때의 이야기를 하자 '아, 그런 일이 있었던가?' 하고 이상한 얼굴을 한 일이 있다. 그것은 결코 무리가 아니다. 시간이 너무 많이 흘렀으며 그 사이에 우리나라는 너무 많이 달라진 것이다. 중학교 4학년 때에는 근로동원이라고 하여 공장에서 일을 해야 했었다. 그 때 우리나라는 이미 패색이 짙어 만들 것도 없고 오전 중에 2시간만 일하면 다음에는 놀아야 했다. 그래서 창고 구석에 쌓여진 빈 상자에 둘러싸인 작은 방을 만들거나 오후의 일이 끝날 때까지 책을 읽곤 했었다.

수업도 시험도 없고, 그야말로 천국과 같은 생활이었으나 그 때의 책들은 그 후 도쿄 대공습 때 순식간에 모두 잿더미가 되고 말았다.

필요에 따라 시작한 번역을 필사적으로 암기하여 임한 고교시절의 시험

그로부터 얼마 후, 실은 5년 동안 배워야 할 것을 4년으로 마감하고 기초학력이 부족한 상태로 나는 고등학교에 진학하게 되었다. 그런데 조상 대대로 도쿄에서 살아온 나도 멀리 시골까지 가게 되었다. 왜냐하면 어차피 언젠가는 천황의 이름 아래 전쟁터로 나가서 비참하게 죽어갈 것이므로 그때까지는 어딘가 조용한 곳에서 한 자, 한 줄이라도 책을 읽고 싶었다. 그리고 짧은 인생이기는 하지만 나도 인간의 역사의 흐름 속에 존재해 있다는 것을 마음속에 새겨두고 싶었기 때문이다. 16세 때의 나는 지금으로서는 상상도 못할 정도로 순수했었다.

그런데 여름에 전쟁이 끝나고 드디어 대 기아시대가 닥쳐올 무렵, 나는 학생 600명을 수용하는 자치 기숙사 위원장으로 선출이 되었다. 그때는 공부는커녕, 아침 일찍부터 밤늦게까지 600명을 먹이기 위해 동분서주하지 않으면 안되었다. 찌는 듯한 염천 하에도, 살을 에는 눈보라 속에서도 오직 뛰어다니며 꼭 2년 동안은 수업을 전혀 받을 수 없게 되었다. 시험은 그 전날에 친절한 친구들이 1학기 분량을 1시간에 걸쳐 설명해 준 것이다. 외국어는 번역한 우리글을 읽어주면 나는 그것을 듣고서 다음 날 시험에 임했던 것이다. 단어도 문법도 전혀 몰랐다. 오직 전날 밤에 암기한 것을 바탕으로 쓰면 되었던 것이다. 나중에 이야기를 들으면 문제에 나와 있지 않은 앞, 뒤의 것까지 써버리는 수가 몇 번이나 있었다. 나는 당시 2년과 3년의 합계 6회의 시험을 모두 이 방법으로 치렀다.

암기를 한다는 것은 그렇게 쉬운 일이 아니다. 필요 때문에 생긴 필사적인 기억이었다.

그러나 고등학교에서는 출석일수가 모자라면 시험 점수에서 20점을 빼게 되어 있었다. 게다가 60점에 1점이라도 모자란 과목이 있으면 무조건 낙제였다.

나의 경우, 하루도 출석하지 않으므로 80점을 받았다 하더라도 모자라는 출석일수 때문에 점수는 60점밖에 되지 않는다. 고등학교 시험에서 80점 이상을 얻으면 수재이다. 마침내 나를 졸업을 시킬 것인가, 아니면 낙제를 시킬 것인가에 대하여 회의가 열렸는데 그때 큰 격론이 있었던 것 같다.

헌신적으로 봉사한 나를 낙제시킬 수는 없다고 하여 예정보다 하루 반이나 늦어 한밤중인 2시에 가까스로 합격이 발표되었는데, 학교에서는 나를 62.4점으로 꼴찌로 졸업을 시켜주었다. 그야말로 이는 옛날 교육의 좋은 점이다.

그리고 그동안에 나를 졸업시키면 기숙사 운영이 곤란해질 것이므로, 후배 학생들은 오히려 반기를 들어 교장 관사로 몰려가서 스즈끼 졸업 반대 청원운동을 일으켰던 것이다. 물론 대학에는 가지 못하고 3월에 졸업을 해야 할 것을 나는 6월 말까지 그대로 기숙사에서 살게 되었다. 전국의 모든 고등학교 역사를 보더라도 졸업 후까지 기숙사에서 생활을 하고 있었던 것은 아마 나를 제외하고는 아무도 없지 않았을까 한다.

최후 한계에 자기를 세워본다.

　매우 당돌한 이야기를 하고 있다고 생각될지 모르나 이렇게 해서 과거를 정리해보면 기억이 행해지는 소지는 날마다 꾸준히 사전을 읽는 것과 같은 작업이었다. 그리고 '외워보자, 외우지 않으면 낙제다. 그러면 얼굴을 들 수가 없다. 그리고 부모님이 실망하실 것이다. 시간을 쪼개서 설명해준 친구들의 호의에 보답해야 한다.'고 하는 최후의 한계에 자기를 세우는 의지력이 없으면 안된다는 것을 알았기 때문이다.

　「퀴즈-재미있는 세미나」에서 만약 내가 외우고 있는 것을 잊어버리고 그냥 멍하니 서 있으면 출연자도, 전국의 시청자도 깜짝 놀랄 것이며 웃음이 터질 것이 틀림없다. 그렇게 되면 나는 큰 창피를 당하게 되는 것이다. 거기에 또 프로그램을 즐겁게 하기 위해서 나는 억지 연기를 하지 않으면 안된다. 메모나 대본을 보고 있으면 재미가 없어진다. 나는 말하자면 벼랑에 서있는 것과 같다. 그와 같이 뒤에는 다시 물러설 곳이 없다고 하는 무언의 힘도 기억의 어딘가에 작용한 것이 아닌가하며, 그것이 멀리 중고등학교 시절 나의 경험에 그 원천이 있지 않았는가 생각한다.

'음, 이것으로 나도 좀 영리해졌군!'의 정신을

오직 학교의 성적만으로 본다면 완전한 꼴찌 학생이었던 내가 부끄러움을 무릅쓰고 굳이 말을 한다면 기억력의 동기가 되는 에너지의 하나로, '이것을 알게 되어 즐겁다.'고 하는 단순하고 진솔한 감동이 필요하지 않나 생각한다.

무엇이나 좋다. 크게는 세계의 정치, 경제의 움직임을 설명한 논문을 만나 과연 이러한 논점도 있다는 것을 알게 된다든가, 곤경을 이겨낸 삶을 산 사람의 이야기를 듣고 자기의 생활에 시사하는 바가 있다는 것을 알게 될 수도 있다. 그리고 작게는 길에서 우연히 만난 귀여운 강아지가 어떤 종류의 개라는 것을 가르쳐주거나, 아이들이 놀고 있는 것을 보고 어린이다운 발상을 알게 되어 순간적으로 미소를 짓게 될 수도 있다. 또는 새로운 요리의 재료나 조리법 이야기를 듣는 것처럼 일상생활 속에서 평범하게 부딪히는 모든 것들 중에서 뭔가 한 가지라도 알게 되면 거기에 감동을 느끼는 소박한 소설이 기억력에는 꼭 필요한 것이라고 생각한다.

"음, 이것으로 나도 좀 영리해졌군. 고마운 일이야!"

나로서는 전혀 의식하지 않지만 이것이 아마 젊었을 때부터의 내 입버릇이었던 것 같다. 말로 할 수 없을 때에는 가슴 속에 뭔가가 치밀어 오르는 느낌을 갖게 된다.

마치 초등학교 이래 오늘날까지 당신은 많은 사람들과 사귀어 왔을 것이다. 이를테면 초등학교 시절 친구들의 얼굴과 이름을 몇 사람이나 기억하고 있는가? 이름은 기억하고 있더라도 그 사람과 친하게 이야기를 한 일은 있는가? 세월이 흐르는 동안에 선생님의 이름도, 얼굴도, 그리고 친구들과의 그립던 나날도 자꾸만 잊혀져 간다. 그러나 그 속에는 거의 일생동안 기억에 남는 사람이 몇 명은 있다. 그리고 그 사람은 당신에게 크건 작건 하나의 감동을 안겨준 사람인 것이다.

어렸을 때 첫사랑인 아이가 있었다든지, 달리기가 남보다 뛰어나게 빠른 아이였다든지, 학예회 때 스타였다든지, 스포츠에서 힘을 다해 눈물의 영광을 차지한 것 등 모두가 인상에 남는 사람으로 마음을 움직이게 하고, 당신의 몸 어딘가에서 아직도 살아있는 양식이 되어있는 사람이다.

지식에 대해서도 마찬가지이다. 이것은 어떠한 뜻인가라는 의문을 깆는 깃이 기억력의 시초인데 나중에는 알았다고 하는 사실이 아니고, 그것은 결승점 한 발 앞의 이야기이다. 그리고 참으로 테이프를 자르는 것은 알았다고 하는 즐거움일 것이다.

이때 이것을 꼭 즐거움이라고 단언할 수 없는 것은 다소 비겁한 느낌이 들기도 하지만 나에게는 꼭 그렇다고 단언할 정도의 논리는 없는 것이다. 그것이 이 책을 쓰는 나에게 있어서 하나의 약점이기도 하다.

소박한 의문, 꼼꼼한 마음, 즐거움을 맛보는 감동이 기억력의 원천

그러나 확실히 말할 수 있는 것이 한 가지 있다. 그것은 기억되는 사항은 반드시 눈이나 귀, 또는 눈과 귀 양쪽에 접촉되고, 그것이 다시 마음에 가장 좋다고 생각되는 정신의 뭔가에 접촉하는 것이 된다.

맛도 그렇다. 맛있는 요리를 먹고 이것은 맛있다고 생각할 때 미각과 동시에 생긴 즐거움이 또 그것을 먹고 싶다고 하는 기억을 유지시키는 것이다. 이 감동의 범위가 깊은 사람이 이른바 미식가가 되는 것이다.

여성들 가운데 미식가가 적은 것은 생리적으로 소식을 한다는 점과 새로운 음식을 먹는 것을 두려워하기 때문에 감동의 영역이 좁고 얕기 때문이라고 생각한다.

의문, 꼼꼼한 마음, 감동하는 마음이 기억력의 원천

　이와 마찬가지로 기억력을 강하게 하는 결정적인 요인은 눈이나 귀와 같은 오감(五感)에 접촉되는 사항 중에서 직관적으로 '아!'라고 생각되는 것은 반드시 확인하여 자기의 것으로 만들려는 소박한 의문과 조사하는 노력을 마다하지 않는 꼼꼼한 마음, 그리고 '과연 그렇구나!'라는 것을 알았을 때의 기쁨을 맛보는 감동 이렇게 세 가지라고 나는 생각한다.
　어른이 되면 남에게 묻는 것은 부끄러운 일이라는 생각이 강해지는데, 옛날 사람들은 묻는다는 것은 일시적인 부끄러움이고 묻지 않는 것은 평생의 부끄러움이라고 말했다. 그것은 그야말로 훌륭한 지언(至言)이다. 특히 남자는 남자로서의 묘한 의지에 얽매여서 물어보면 곧 알 것을 무리하여 자기의 사소한 지식으로 해결하려고 한다. 그런 점에서 오히려 여자는 상당히 융통성이 있다.

남자에게 뭔가를 묻게 되면 귀여운 여자라고 하여 용서해줄 것이라며 부끄러움이 되지도 않는다. TV의 인터뷰 프로그램에서도 남자라면 너무나 당연하여 묻지 않을 일도 여성은 처음으로 체험한 것처럼 묻게 된다. 과거에 있던 일을 세세하게 오랜 시간을 외우고 있는 능력은 여성 쪽이 훨씬 뛰어나다. 여성은 같은 것을 반복해서 말한다. 그러나 거기에서 한 걸음도 앞으로 나오지 못하는 것은 매우 안타까운 일이다. 모처럼의 기억이 제대로 이용되고 있지 않는 것이다.

남자는 그 일로부터 여러 가지 문제를 끌어내어 새로운 경험으로 만들어버리는 경우가 있다. 그래서 남성 쪽에서도 같은 체험인데도 인생의 폭이 달라져버리는 일이 생긴다. 기억의 즐거움은 기억의 사항이 자기의 머릿속에 이어져서 자기밖에 모르는 새로운 기억의 세계가 만들어져가는 데에 있다. 작가에게 이것이 행해지면 거기에 하나의 문학작품이 생겨나게 되고 그 감동은 작가뿐만 아니라 작품을 읽는 많은 사람에게 퍼져가게 된다. 그리고 드디어 독자는 젊었을 때 그 훌륭한 문학에 접했다고 하는 감동이 인생관의 그 어떤 부분을 구성해가는 것이다. 우리들은 괴테나 셰익스피어를 직접 알고 있지는 않다. 그러나 그들의 기억을 출발점으로 하여 창조적으로 쓰여진 작품 속에 있었던 말이 많은 세월이 흐른 오늘날에도 우리들이 살아가는 양식이 되고 있는 것이다.

손쉬운 기억술이 없는 치명적인 점

이와 같이 기억은 원래 즐거운 것인데 거기에 이르기까지는 묻거나 조사하고, 확인하거나 실험하고 체험하는 고통이 따르게 마련이다. 그런데 나에게 기억하는 방법을 가르쳐달라는 편지를 보내거나 이것이 스즈끼식 기억술이라고 말하는 기사를 쓰는 사람들은 이 부분을 생략하여 손쉽게 외우는 방법을 묻고 있는 것 같이 생각된다.

그런 것은 이 세상에는 없다. 노력하지 않고 성공하는 방법은 한 가지도 없다. 오랜 인류의 역사 속에서도 레오나르도 다빈치와 같이 천재라고 불리는 사람은 열 손가락에 꼽힐 정도이다. 그러나 노력하는 점에 있어서 천재는 얼마든지 있다. 그 사람들의 노력으로 문화가 이 정도까지 진보해 온 것이다.

하지만 슬픈 것은 나에게는 이런 노력하는 재능도 거의 없다는 점이다. 다만 앞에서도 말했듯이 남으로부터 얻은 자료는 사실의 50%밖에 들어있지 않고 나머지 50%는 자기 스스로 조사해야 한다는 사실만이 오직 지주가 되었고, 나는 이것을 금과옥조처럼 지켜왔을 뿐이다.

이것을 노력이라고 부를 수도 있지만 적어도 재능은 아니다. 왜냐하면 적어도 언론계에 적을 두는 사람이라면 누구나 그렇게 생각할 것이기 때문이다.

그런데 기억력은 인간에게 없어서는 안될 능력이다. 능력은 일조일석(一朝一夕)에 만들어진 것이 아니다. 이것 역시 오랜 시간에 걸쳐서 가꾸어진 것이라야 한다.

앞으로도 장을 거듭하여 될 수 있는 한 구체적으로 나의 방법과 나에 대한 것을 나름대로 분석하려고 한다. 하지만 그것을 다 읽었다고 해도 당신의 기억력이 갑자기 좋아지고 어렸을 때부터 지금까지의 기억이 모두 되살아나며 새로운 사항이 계속 머릿속에 들어올 것이라고 생각하는 것은 큰 오산이다.

이것은 어디까지나 나 나름대로 가지고 있는 하나의 힌트에 지나지 않는다. 당신에게는 당신 나름의 방법이 있고 기억술에 관한 책은 다른 사람들도 아주 많이 쓰고 있다. 그런 것들에 비하면 나의 방법은 그야말로 아주 사소하고 우스꽝스러울 정도가 아닌가 한다.

내가 이 원고를 쓰기 시작한 하나의 목적은 알려고 하는 의욕이 인생을 얼마나 즐겁게 해주는가를 당신과 함께 맛보고자 함에 있다.

그 최초의 수단으로서 "이것은 뭘까?", "이것은 왜 그럴까?"라고 자기 주변에 있는 모든 사항에 대하여 의문을 갖고 그것을 확인하려고 하는 작은 노력을 아끼지 않는 것, 그리고 새로운 지식을 얻은 자기 자신에게 미소를 보낸다는 세 가지를 들어두고 싶을 뿐이다.

"안다는 것은 즐거움이며, 지식을 많이 갖는다는 것은 인생을 즐겁게 해주는 것이다!"

내가 TV에서 담당하고 있는 「퀴즈-재미있는 세미나」의 모든 첫머리에서 사용한 이 말은 모두가 나의 생각과 기분 그대로를 표현한 것이다.

제3장

자기 나름의 **리듬**의 발견

실소실어증(失笑失語症)인 나에게도 부르는 노래가 있다.

나는 노래방에서 노래를 부른 경험이 이제까지 5번 정도밖에 없다. 이러한 곳에 갈 시간이 없었다는 것이 솔직한 대답이다.

게다가 어렸을 때부터 코가 나빴기 때문에 방송에서도 들었겠지만 동료들 중에서 가장 나쁜 소리를 가지고 있다. 쾌적한 울림을 갖는 중정도의 소리가 나오지 않고 낮거나 그렇지 않으면 전혀 엉뚱하게도 높은 소리가 나와 버린다. 기술진들은 그래도 잘 통하는 소리라고 말하지만 평소에는 상대편이 귀를 기울이고 있지 않으면 듣지 못할 정도의 낮은 소리이다. 다만 흥에 겨우면 봉창이 깨질 정도의 큰 소리가 난다. 이것도 역시 정서가 불안정하기 때문일까?

그리고 실소실어증이라고 불릴 정도로 듣거나 보는 모든 것이 즐겁기 때문인지 말보다도 먼저 웃음이 나와 버린다. 그래서 남들이 들으면 언제나 바보처럼 웃고만 있는 사람같이 보인다. 원래 내 머릿속은 그리 영리하지 못한 구조로 되어있다는 것을 자각하고 있다.

그래도 혼자 있을 때나 개를 데리고 공원을 산책할 때에는 나도 모르게 콧노래를 부르게 된다.

실제로 1955년부터 1958년까지 당시 라디오의 인기 프로그램으로 매주 토요일 오후 8시에 방송되던 「그리운 옛노래」라는 프로그램의 진행을 담당했었다. 그래서 근 100년 동안의 노래에 대해서는 잘 알고 있다.

그 후로 해마다 연말에서 방송되던 「홍백가요전」에 참가하게 됐다. 이때의 출전가수들의 노래는 즉석에서 대응할 수 있도록 출전가수를 발표하고 31일까지의 사이에 틈만 있으면 테이프를 들어 홍백 양 팀 가수들의 노래를 모두 외워야 했었다.

1958년은 그 절반은 새 노래를 부르는 가수들로 평소에는 거의 듣지 못한 노래였으므로 몹시 고생을 했다. 왜냐하면 가사는 물론이고 자기가 노래를 부를 수 있을 때까지 철저히 기억해야 했던 것이다.

그러나 지금은 그것을 불러보라고 해도 전혀 부를 수가 없다. 몇 번인가 연습을 한다면 어느 정도의 흉내는 낼 수 있을지 모르나 갑자기 부르라고 하면 쉽지가 않다. 이는 내가 나 나름대로 가지고 있는 리듬이나 성역에 맞지 않는 노래를 억지로 머릿속에 담아 두었기 때문이다. 그것은 고통일 뿐이며 조금도 즐거운 일이 아니었다. 원래 사회자는 거기까지 할 필요가 없으므로 프로그램 진행 중에 생길 수 있는 모든 장면을 상상하며 그렇게 했을 뿐이다. 그리고 실제로는 아무 일도 일어나지 않았던 것이다. 긴장이 풀림과 동시에 한숨 돌리면 부르던 노래의 기억은 점점 희미해지고 그것을 다시 불러일으키는 데에도 많은 시간이 걸린다. 어쩌면 이것은 이른바 암기를 한 것에 지나지 않았는지도 모른다.

> **우리들이 7·5조의 리듬을 좋아하는 데에는 그만한 이유가 있다.**

나는 여러 사람들 앞에 나가면 청산유수로 말을 한다. 특히 강연회 때 하는 말을 원고로 고쳐보면 강연에 익숙한 사람에 비해 그 원고의 양은 3배나 되고 보통 사람들의 5~6배의 분량이 된다. 그러므로 그 안에는 폭소가 있고 눈물이 있는 이야기를 할 수 있는 것이다. 그리고 1시간 30분이라면 틀림없이 1시간 30분으로 몇 초의 어김도 없이 끝맺음을 하게 된다.

그런데 평소에 나는 전혀 말이 없고 남이 말을 걸어오면 이야기를 하지만, 나 스스로 상대방에게 말을 거는 일은 별로 없다. 따라서 좌담이 아주 서툴다.

젊은 여성과 단둘이 다방이라도 들어가게 되면 틀림없이

아무 말도 못하게 되고 말 것이다. 그러한 경험이 전혀 없는 것은 젊었을 때부터 다방에 거의 출입한 기억이 없기 때문이다.

그리고 술자리에 나가도 거의 상대의 이야기를 듣기만 한다. 나는 말이 서툴다는 것을 듣는 것으로 보충하고 있는 셈이다. 말을 보다 깊게 알려고 하는 습성이 처음부터 나 자신을 듣는 쪽으로 돌려 버렸는지도 모른다.

좌담을 잘 하는 사람의 말에는 기분 좋은 리듬이 있다. 빨랐다 늦었다, 또는 높았다 낮았다 하며 감정을 풍부하게 이야기한다. 그런 사람의 말은 귀에 전해지는 울림도 매우 좋다. 그리고 이야기 사이의 간격을 취하는 것도 남들과 다르다.

여기서 주목해야 할 것은 강연이든 좌담이든 말을 잘 하는 사람의 이야기의 내용은 과거의 경험이나 지식, 또는 거기에서 얻은 자기 나름의 추찰이나 결론이 잘 기억되어 있다는 것이다. 그리고 그것이 교묘한 논리와 화술로 이어져서 표현된다는 사실이다.

그대로 남이 써 준 원고를 읽기만 하는 대독(代讀)은 말할 것도 없고, 원고를 한 자 한 자 더듬어 가면서 읽다시피 하는 국회의 연설이나 강연이 얼마나 박력이 없는가는 일목요연하다. 조금만 주의를 집중하면 말하고 있는 알맹이가 전혀 소화되지 않고 있다는 것을 알 수 있다.

당신도 틀림없이 그러하리라고 생각되지만, 즐겁고 재미있는 이야기를 하고 있을 때 당신이 하는 이야기는 당신 자신도 가장 기분 좋게 느끼는 템포로 이야기하고 있을 것이다. 즉 당신은 당신이 하는 말을 타고 있는 것이라고나 할까?

그 리듬은 남과 같을 경우도 있고, 다를 경우도 있다. 그러나 민족 음악의 리듬으로 이해할 수 있듯이 민족이나 인종, 국민, 부족에게는 그들의 선조 대대로 이어져 온 고유의 리듬이 있다. 이를테면 시조의 7·5조가 그것이다.

시조나 근대시를 보더라도 대개 그러한 리듬 속에 언어가 채워져 있는 것을 알 수 있다. 그러면서도 실제로는 한 사람, 한사람에게 미묘한 차이가 생기는 것은 이를테면 가요를 보더라도 그것을 좋아하고 싫어하는 점이 있는 것과 같다. 가사를 형성하고 있는 언어의 사용법이나 표현하고 있는 정감의 차이도 있지만, 같은 7·5조로 쓰여져 있어도 자기의 리듬에 맞고 맞지 않는 부분이 있는 것이다.

노래와 기억은 어떤 점에서 관계가 있는 것일까? 나는 기억력, 또는 기억술에 있어서 리듬과 멜로디는 매우 밀접한 관계가 있다고 생각한다. 그리고 사실, 내가 뭔가를 외우려고 할 때 나 나름의 일정한 리듬으로 만들어 외워 버리는 경우가 상당히 많다.

당신이 잘 부르는 노래는 어떤 것인가? 노래 부르기를 잘하고 못하는 것은 물을 필요가 없다. 평소의 생활 속에서 기분이 좋을 때 혼자서 흥얼거리고 싶은 노래를 묻는 것이다. 그리고 그 노래는 틀림없이 제목도 알고 있으며 적어도 한 절만은 가사도 정확하게, 그리고 즐겁게 부를 수 있을 것이다. 그 곡은 기분도, 리듬도, 멜로디도 당신의 마음에 꼭 맞는 노래일 것이다.

> **요컨대 기억력에는 노래를 부른다는 생각이 중요하다.**

당신에게는 당신이 말하기 좋은 말투가 있을 것이다. 요컨대 기억에는 노래를 한다는 생각이 중요하다. 노래를 한다는 생각이 기억력의 어딘가에 숨겨져 있는 것이다.

필자가 거듭하여 이것을 기억력이라고 단정할 수 있는 수단이 없다고 말하는 것은, 기억이란 오로지 전인간적인 작용이며 뇌의 작용 중에서 극히 일부분을 끌어내어 기억의 영역을 채운다는 것은 거의 불가능하기 때문이다.

16자리 숫자를 앞에 두고 어떻게 하는가?

얼핏 보기만 해도 정신이 아찔해지는 숫자도 그것을 하나의 말로 보게 되면 거기에 따뜻한 피가 흐르고 있다는 것을 알게 된다.

이를테면 무작위로 4695조 8731억 5422만 6174라는 숫자가 있다고 하자. 이것을 셈을 하기 위한 숫자로 쓰면 4,695,873,154,226,174가 된다. 매우 긴 숫자이다.

이것만 보면 아무런 재미도 없는 것처럼 생각된다. 그러나 지금 나는 굉장히 긴 숫자라고 썼지만 길다고 생각하는 데에 이 숫자에 대한 하나의 정감이 작용하고 있는 것이다. 길다고 하는 다음에는 큰 수라고 하는 데에 놀라움이 있다. 만약 당신이 이것을 남에게 전할 때 큰 숫자를 만났다고 말할 수도 있을 것이며 구체적으로 이 숫자를 말하면 상대가 '뭐야, 그렇게 큰 숫자야!' 라고 놀랄 수도 있을 것이다.

그래서 생각할 수 있는 것은 크다고 말하거나 숫자로 말하는 경우에도 결국은 당신 자신이 이 숫자를 만났을 때에 직관적으로 마음에 느낀 감동을 상대에게 전하면 되는 것이다. 즉 마음으로 전하는 것이다.

우선 몸에 익히지 않으면 안될 것은 '와, 굉장한 숫자로

군!' 하고 솔직하게 놀라는 당신 자신의 마음이 앞서지 않으면 안된다는 것이다. 이것이 없으면 기억하려고 하는 의욕은 생기지 않는다.

솔직히 말해서 나는 중학시절부터 숫자를 매우 싫어했다. 중학교 3학년 2학기에는 숫자라면 절대로 모른다고 하는 이상한 자신까지 생길 정도였다. 대수와 기하의 두 선생님과 전혀 마음이 맞지 않은 점이 수학을 싫어하는 데에 한층 박차를 가했다. 중학교를 4년에 졸업하고 수학을 시작하여 이공계 공부를 전혀 하지 않아도 되는 고등학교의 문과로 들어갔을 때에는 만세를 삼창이 아니라 30번쯤 할 정도였다.

그런데 지금 내가 읽은 책의 1/4는 모두가 수학사의 책이다. 동기는 여러 가지가 있었지만 모두가 30대 전반부터 읽게 되었다.

수가 생기는 필연성은 2라는 수에 있었다.

어느 날 나는 인류학의 책을 읽고 있는 동안에 느낀 바가 있었다. 도대체 원숭이와 사람 사이에는 어디에 그 갈림길이 있었을까 하는 점이었다. 그것은 아무래도 사람이 엄지손가락과 집게손가락 두 개를 써서 물건을 쥐며 뭔가의 세공을 할 수 있었을 때 원숭이와 사람과는 완전히 나누어진 것이 아닌가 하고 상상했던 것이다.

그로부터 얼마동안 나는 2라는 숫자에 매우 많은 흥미를 갖게 되었다. 그 때 생각해낸 한 가지는 만약 거기에 물건이 하나밖에 없었다고 하면 수를 헤아릴 필요는 없다는 것이다. 2개 이상이 있기에 수를 헤아리지 않으면 안되게 되는 것이다. 그렇게 하면 1, 2, 3, 4, 5와 같이 정연하게 수가 배열되어 있어도 수가 생기는 필연성은 2에 있었는지도 모른다고 생각했다.

1, 2, 3, 4라고 배열되어 있으므로 1이 수의 시작인 것처럼 보인다. 그러나 이것은 숫자로서의 시작으로 1이 있을 뿐, 인간 자신에게 있어서 수가 생기게 된 원인은 오히려 2에 있지 않았을까 하고 추측된다.

물론 이것은 나 나름의 상상이었지만 그렇게 하여 수를 보고 있으면 인간이 숫자를 갖게 된 것을 지금부터 7천 년 전이라고 할 때, 지금 우리들을 관리하고 있는 컴퓨터는 10진법이 아니라 2진법이다. 즉 2가 기준이 되어 있는 것이다.

2를 기준으로 하는 것이 계산을 빠르고 편리하게 한다면, 인류는 7천 년 동안이나 상당히 헛수고를 했다는 것이 된다. 10진법이 문명이나 문화를 발달시켜 온 것은 사실이다. 그러나 무한히 있는 수 중에서 2는 다른 수와는 유별나게 다른 천리를 가지고 있는 것처럼 생각되는 것이다.

나는 2를 추구해가면 노벨상쯤은 받을 수 있지 않을까 하고 동서양을 불문하고 문화사나 문명사를 2의 시점에서 관찰해 왔다. 그런데 그 중에서 영국의 철학자 버트랜드 렛셀의 말을 만나게 되면서 이것으로 나의 연구는 모두 헛것이 되고 말았다. 위대한 그는 이렇게 쓰고 있다.

"인류가 2를 발견했을 때 모든 문명은 여기서 시작되었다."

인류가 생각하는 것은 모두가 다 마찬가지이다. 100년이나 전에 2에 주목한 사람이 있었던 것이다. 다만 다른 것은 컴퓨터가 있고 없는 데에 차이가 있을 뿐이다.

자기 나름의 결론을 찾아내는 과정이 중요하다.

여기에서 내가 당신에게 꼭 알아두라고 말하는 것은 2라는 숫자 하나 속에도 이러한 놀라운 의문이나 조사 연구가 있었다는 점이다. 숫자를 숫자로만 볼 것인가, 아니면 거기에 자기 나름의 흥미나 감동을 갖는가에 따라 기억은 생기기도 하고 생기지 않기도 하는 것이 아닌가 생각한다.

　어디까지나 자기 나름으로 생각하면 되는 것이다. 인간은 자기 혼자 믿고 있는 한 어떠한 것을 믿어도 상관이 없다. 그것을 타인에게 믿으라고 권하게 되면 거기에 문제가 생기게 마련이다. 저 사람이 믿고 있으므로 나도 믿는다고 하는 즉, 믿는 바퀴가 점점 넓어져 가는 것이 곧 문제가 되는 것이다.

　따라서 이 책에서 쓰고 있는 기억의 방법은 어디까지나 나만의 것이며 그것을 오직 참고로 제공하고 있는 것에 지나지 않는다. 이를테면 앞에서 말한 굉장히 긴 숫자를 기억할 때에도 내가 취하는 수단의 하나는 언어의 리듬으로 익혀보는 것이다.

　4,695,873,154,226,174는 눈으로 보면 숫자가 16자리나 늘어져 있다. 기억력이 약하다고 생각하는 사람은 틀림없이 이 숫자의 분량에 압도되어 외우려고 시도하기도 전에 먼저 안되겠다고 포기해 버리지 않을까 생각한다.

> **인생을 슬기롭게 사는 사람에게는 공통점이 있다.**

　자기 스스로 자기가 좋아하는 리듬을 안다는 것이 바로 기억으로 이어진다. 노래방에서 자기가 좋아하는 노래를 부를 수 있다면 그것은 훌륭한 기억력을 기르는 원동력이 되고 있을 것이다. 인간은 개별적 능력을 종합하여 살고 있는 것이다. 인간은 한 번에 한 가지 일밖에 못하는 것은 아니다.

　지금 나는 이 부분의 원고를 그전처럼 열차 안에서 쓰고 있는데, 쓰면서 창밖의 경치를 바라보기도 한다. 볼펜은 원고용지의 위를 달리고 있으나 나의 귀는 차내 판매원인 아가씨의 목소리를 들으며, 그가 팔러 온 도시락의 알맹이는 어떤 것인가, 또 그 도시락은 맛이 있을까 하고 생각한다. 그리고 옆자리에 앉아있는 27, 8세 정도 되는 덩치가 크고 우람한 청년이 어찌하여 소년들이 보는 만화 주간지를 읽고 있는가에 신경이 가곤 한다. 인생을 슬기롭게 살고 있는 사람들을 보면 자기 속에 있는 재능을 다른 재능의 영역에까지 넓혀 가는 것을 알 수 있다. 지금 나의 마음에 길리는 깃은 매우 일상적이고 사소한 일이지만, 만약 이것이 재능과 재능, 능력과 능력이 얽히게 된다면 거기에 변증법적인 새로운 재능이나 능력이 생겨나게 될 것이다.

세계적인 발레리나는 단순히 뛰어난 운동능력과 반사신경, 유연한 근육이나 강인한 골격, 긴 목과 손, 발을 가지고 있을 뿐만 아니라 음악을 자기 속에서 완전히 소화해 버리는 훌륭한 힘을 동시에 가지고 있는 것이다.

보다 잘 하겠다고 생각하는 데에 기억력의 진보가 있다.

세계적이라고까지는 말할 수 없지만, 비록 노래방에서 부르는 노래라도 가사책을 보지 않고 수십 곡을 부를 수 있다면 그것은 놀라운 기억력이다. 그리고 그것을 노래만이 아니라 다른 영역으로 넓히면 되는 것이다. 그러니까 자기가 자기 자신을 슬기롭게 구사하는 것이다.

기억했는가의 여부는 말로 하거나 쓰지 않으면 확인이 불가능하다. 보다 잘 말하고 보다 잘 쓰려고 하는 것은 능력이 없으면 안되며, 거기에는 재능의 센스도 필요하다. 말이 좀 억지 논리가 되는 것 같지만 내가 실감한 바로는 이와 같이 보다 잘 하려고 생각하는 데에 기억의 진보가 있지 않을까 한다.

그리고 그 토대의 하나가 되는 것은 의외로 관계가 없는 것처럼 보일 수 있으나 반드시 존재하고 있는 것처럼 음악이 갖는 리드미컬한 음악성에도 있다고 나는 믿고 있다. 지휘자나 연주자가 악보를 보지 않고 그 긴 교향곡을 완주할 수 있다는 것은 기억의 바탕에 리듬이나 멜로디가 흐르고 있다는 것을 증명하는 것이 아닌가 한다.

기억력을 좋게 하기 위해서는 말하거나 쓰는 양쪽이나 또는 적어도 한쪽만이라도 좋아하지 않으면 안될지도 모른다. 그렇지 않으면 기억의 결과를 알 수 없기 때문이다.

그러나 이것은 어디까지나 결과를 이야기하거나 쓰는 것으로, 기억을 하는 도중에 반드시 말하거나 쓰지 않으면 안된다는 뜻은 아니다. 나는 앞에서도 말했듯이 중학교 시절부터 노트 등에 메모를 한 기억은 거의 없다. 지금도 역시 마찬가지이다. 읽은 자료나 책에 선을 긋거나 종이의 끝을 접어 두거나 부전을 끼워두는 일도 없다.

즉 기억의 도중에서는 눈과 귀 이외에는 아무것도 쓰지 않고 있다.

훌륭한 기사를 쓰는 기자가 한 자 한 자 메모를 하지 않는 이유

나에게는 많은 기자들이 취재를 오는데, 그것이 25년 전부터이므로 벌써 1/4세기가 된다. 적을 때에는 하루에 1개, 많을 때에는 5~6개의 회사가 각각 다른 테마를 가지고 온다.

그때 항상 이상하게 생각하는 것은 흡사 강의를 한 자 한 자 노트에 담는 여대생과 같이 나의 얼굴을 어쩌다가 슬쩍 바라볼 뿐, 그저 열심히 메모를 하는 기자가 있다. 그런데 의외로 그 기자가 쓴 기사에 내가 한 말과 다르거나 중도에서 소화불량이 되는 문장이 많다는 것을 알게 되었다. 즉 쓰는 것보다도 이야기하는 쪽이 빨리 진행되기 때문에 그 기자는 자세하게 메모를 하고 있는 것 같지만 실은 내가 하는 말을 놓치고 있는 부분이 오히려 많아서 이와 같이 엉뚱한 기사를 쓰고 있는 것이다.

반대로 나의 얼굴을 뚫어지게 바라보면서 필요한 부분을 선택하거나 틀리기 쉬운 대목만을 간단하게 적어두는 정도의 기자가 있다. 그리고 이 기자가 쓴 기사 쪽이 훨씬 더 정확하다.

솔직하게 말해서 요 25년간 얼마만한 취재를 받았는지 그 수를 정확히 알 수는 없지만, 나중에 보내온 기사를 보고 내가 말한 대로 제대로 썼구나 하고 만족을 느끼거나 비록 비난 공격이라도 이 기사는 나에 대하여 세밀하게 관찰했다고 하여 참고가 된 것은 기껏해야 열 손가락에 꼽힐 정도이다. 그나마 요즘은 취재도 하지 않고 자기들 멋대로 쓰거나 또 인용하는 사람들이 많아지고 있다.

  요즘 초등학생부터 대학생까지 많은 색깔을 사용하여 책이나 노트에 선을 긋고 있는데, 그것은 연필이 외운 것이지 자기 자신이 기억하는 것은 아니다. 이는 말하자면 가짜 기억인 셈이다.

제4장
본 **인상을 강하게** 하는 그림을 그리는 마음이 **기억력**이 된다.

엄지손가락 배에 무의식중에 그림을 그리고 있는 나의 버릇

사람에게는 흔히 일곱 가지의 버릇이 있다고 말하는데, 나는 내가 알고 있는 버릇만 해도 아마 스무 가지는 더 될 것이라고 생각한다.

글씨를 보더라도 필세(筆勢)는 있지만 너무 세력이 강해서 내 멋대로 갈겨서 쓰게 되고, 이렇게 원고를 쓰고 있어도 과연 편집자가 읽을 수 있을까 걱정하면서 쓰고 있다. 구두점을 찍을 때까지 글씨가 계속되는 것이다.

지금부터 30년 전에 책을 한 권 쓴 것 외에는 현재까지 침착하게 책상 앞에 앉아서 쓰는 시간이 전혀 없어서 항상 급하게 쓰는 버릇이 생겨버렸다. 이런 버릇이 나쁘다는 것을 알면서도 쉽게 고쳐지지 않는다.

눈에 띄지 않을 것 같지만, 아마 상대는 한 번 알게 되면 그것이 몹시 마음에 걸릴 것이라고 생각되는 버릇이 있다. 특히 오른손에 심한데, 집게손가락 끝으로 엄지손가락 배를 문지르는 버릇이다. 나 자신도 순간적으로 느낄 때가 있지만 다음 순간에는 또 그 버릇이 시작된다.

이것을 나는 의식과 무의식의 중간쯤에서 하고 있는 것이다. 의식이라는 것은 실은 나는 엄지손가락 배를 캔버스로 보고, 집게손가락 끝을 붓으로 하여 그림을 그리고 있는 것이다. 정확하게 말하면 데생을 하고 있는 것이다.

무엇을 그리고 있는가 하면 이야기를 하면서 상대의 얼굴 윤곽이나 코, 눈이나 입모양 등 눈에 띄는 것은 모두 그리고 있다.

이것은 상대방에게 실례지만 남의 말을 들으면서 눈은 때때로 한눈을 팔며, 꽃병에 꽂아진 장미꽃을 보고 그와 동시에 손가락은 그 모양을 그리기 시작한다. 오른손으로 원고를 쓰거나 책장을 넘기면서 왼손으로는 뭔가를 그리고 있을 경우도 있다.

말 상대의 인상을 엄지손가락 배에 그리면서

본 인상을 강하게 하는 그림을 그리는 마음이 기억력이 된다.

기억이란 인상의 재현이다

　나는 어렸을 때부터 그림을 그리는 것을 퍽 좋아했었다. 중학교에서는 미술부에 들어갔으며, 대학에서는 서양미술사를 전공하면서 나 스스로 영화사나 서양희곡사, 발레사 등을 연구했다. 무대장치의 디자인을 하거나 시골의 작은 마을에 살던 때에는 축제기간이 되면 온 마을의 상점에 붙일 포스터를 몇 십장이나 철야를 해가며 그리기도 했었다.

　어쩌면 나 혼자만의 생각인지도 모르지만, 아무래도 이것이 기억의 방법 어딘가에 이어지고 있는 것 같은 생각이 든다. 즉 대상을 재빨리, 그리고 가능한 한 정확하게 파악하여 그것을 자기에게 인상지우는 능력이다. 기억이란 인상의 재현이기 때문이다.

　배우가 대사를 잊고 깜짝 놀라는 순간에 그 대사가 대본의 오른쪽 페이지에 있었다든가, 아니면 왼쪽 페이지에 쓰여 있었던가를 순간적으로 머릿속에 그림으로써 잊었던 대사를 생각해내는 경우가 있다고 하는데 이것은 사실이다. 왜냐하면 내가 항상 그랬기 때문이다.

　꼭 말을 해야 하는 숫자가 다른 일을 생각하고 있었기 때문에 쉽게 생각나지 않을 때가 있다. 그 찰나, 나는 그 숫자가 어느 사전이나 자료, 또는 어느 책의 오른쪽이나 왼쪽 페이지에 있었던가를 생각한다. 그리고 다시 페이지의 위쪽인가 아니면 아래쪽에 있었던가, 사전 같으면 가운데 단에 있었던가를 생각해 낸다. 물론 이런 생각은 몇 분의 일 초도 되지 않는 순간에 이루어진다. 다음에는 그 통계가 가는 글씨로 인쇄되어 있었던가 아니면 굵은 글자였나, 또는 가로 세로의 틀 속에 들어 있었던가 등도 생각해 낸다.

이런 것들을 할 수 있으면 우선 8할은 생각해 낼 수 있다. 내가 「퀴즈-재미있는 세미나」속에서 출연자에게 "가슴이 두근거리는가라고 묻고 다시 무엇을 물어볼까요, 좋습니까?"와 같은 쓸데없는 말을 사용하고 있을 때의 2할 정도는 실은 순간적으로 잊어버렸을 경우인 것이다.

나머지 8할은 연출상의 기분 전환인데, 오직 이것만 말하면 2, 3초 사이에 문제로부터 대답을 하고 다시 필요한 숫자 등을 모두 생각해내는 것이다. 그리고 그 위에 여기서는 이 말을 사용해야 한다든가 또는 앞, 뒤의 관계에서 숫자는 여덟 가지를 외우고 있는데 두 가지로 정리를 해보려고 판단해버린다. 우리의 뇌는 실로 잘 만들어져 있다.

물론 당신도 나와 같은 경험을 가지고 있을 것이라고 생각한다. 기억력이 좋은가 나쁜가를 구별해주는 방법의 하나는 인상의 깊이와 그것을 불러일으키는 에너지의 강한 정도에 달려있는 것이다.

마치 공을 벽에 던질 때 강하게 던지면 멀리까지 튀어나오는 힘이 있는 것과 같다. 그리고 이 벽과 공의 재질(材質)이 기억하는 기술이나 그것을 불러일으키는 수단이 아닌가 한다.

주간지를 보면서 하는 기억력 강화법

아무래도 마음이 쓰이는 애매한 말을 사용하는 것을 용서해주기 바란다. 나는 심리학자도, 대뇌생리학자도 아니므로 체계를 세워서 이렇다고 단정할 수는 없기 때문이다.

이런 일을 해보면 어떨까?

각자 집에 있는 이미 오래된 주간지를 꺼내어보기 바란다.

그리고 각 페이지에 어떤 모양이라도 좋으니 마음대로 그림을 그린다. 몇 가지 색을 사용하는 것도 좋을 것이다. 도형이나 숫자, 또는 비슷한 얼굴 그림이라도 상관없이 자유롭게 그린다.

01□ ☆3□9◎◇♤●7×10우☆…

○1△☆3♠□9◎◇●7☆우☆…

대신 1 페이지에 한 가지씩 그린다. 그리고 다른 종이에 그 기호를 옮겨 그린다. 기호는 중복되어도 상관없다.

그림을 다 그렸으면 2, 3번 책장을 뒤적여 본다. 대개 어떤 도형이 어느 곳에 있는가가 희미하지만 눈에 비치게 될 것이다. 그리고 조금씩 인상이 강화되어 가는 느낌이 들 것이다.

그리고 △의 도형을 찾아보도록 한다. 한 번에 그 페이지를 열 수 있을 때도 있지만 그것은 어디까지나 우연이다. 그보다도 먼저 △의 도형이 어느 곳에 있었던가를 생각한다.

적어도 책의 전반부에 있었는지, 후반부에 있었는지는 알고 있어야 한다.

주간지는 종이를 겹쳐서 2개의 접은 모양으로 되어 있다. 마치 한 가운데의 2페이지는 한 장의 종이와도 같이 되어있다. 또는 오른쪽 페이지에 있었던가 아니면 왼쪽 페이지에 있었던가를 생각해본다. 전반부의 오른쪽 페이지의 인상이 상하나면 후반부와 모든 왼쪽 페이지를 보지 않고, 오른쪽 페이지만을 머리에 그린다. 그런 다음에는 △의 도형이 전반부의 오른쪽 페이지의 앞쪽에 있었던가 아니면 한가운데 인가, 뒤쪽인가를 생각해내고 페이지를 한꺼번에 열도록 한

본 인상을 강하게 하는 그림을 그리는 마음이 기억력이 된다.

다. 이때 정확하지는 않지만 만일 그 근방에 있었다면 당신의 인상작용은 틀림없었다고 생각해도 좋을 것이다.

이것을 다른 종이에 그려둔 기호 중 몇 가지를 골라 해본다. 다음에는 우, 그리고 다음에는 ◎와 같이 한다. 아마 몇 분도 되지 않아서 당신은 십중팔구 당신이 지정한 페이지를 찾게 될 것이다. 그러니까 인상은 복수화 된 것이다.

왜 복수의 인상을 필요로 하는가 하면, ♧의 기호를 맞히려 할 때 ♧의 기호 한 가지만을 외우려고 하면 이는 쉽지 않다. 그것은 확실히 기억의 본 길이기는 하지만 기억을 끌어당기는 실이 오직 한 개뿐이라는 것은 아무래도 기억하기에는 약할 것이다. 따라서 어쩐지 불안하게 된다.

그것을 ♧는 우 근방에 있었다든가, □ 옆에는 없었다든가 희미하지만 끊임없이 인상에 남겨져 있다면, 만일의 경우 그것이 기억의 당김쇠가 되어주는 것이다.

나의 초등학교 시절의 친구들의 이야기를 들자면 이렇다. 얼굴도 이름도 모두 잊어버린 사람과 만났을 때 그 당시 그 아이가 교실의 어느 쪽 책상에 앉아 있었다든가, 달리기를 잘하는 아이였다든가, 항상 코를 흘리고 있었던 아이였다든가 하는 그 사람을 둘러싼 인상으로부터 생각해내는 경우가 있다고 한다. 아마도 이것은 위의 방법과 같은 현상일 것이다.

나 나름으로 발견한 '화술(話術)의 과학'의 실용성

그런데 이렇게 실험하고 있는 동안에 느끼는 것이 있지 않을까 한다. 위와 같은 방법을 반복하다보면 각자 자기가 잘하는 페이지가 생기게 된다. 그것은 도형에 대해 개인적으로 좋아하거나 싫어하는 것일 수도 있다. 하지만 아마도 열에 아홉이 공통적으로 느끼는 것은 오른쪽 페이지(짝수면)보다도 왼쪽 페이지(홀수면)에 먼저 눈이 가고, 따라서 왼쪽 페이지에 써놓은 기호 쪽이 조금이라도 더 외우기 쉽다고 하는 사실이다.

이것은 미술사나 연극사 속에서는 17세기 무렵부터 논해져온 문제이다. 내가 1965년 가을부터 1967년 초에 걸쳐, 그러니까 3년간 TV 카메라를 사용한 실험에서도 증명할 수 있었던 일이다.

물론 이것은 나 혼자만의 판단이며, 나 혼자만 납득하고 있는 결과이다. 하지만 이것은 미술이나 연극, 발레, 영화, 조각 등의 시각예술을 감상하거나, 스스로 그림을 그리거나 TV 화면을 구성하거나, 꽃꽂이를 하거나, 실내장식을 하거나, 나아가서는 인간의 행동을 관찰하는 데 있어서도 매우 도움이 되고 있는 것이다.

사람은 자기의 왼손에 있는 것에 인상이 더 깊다.

그리고 이 실험의 결과 보고가 나의 저서 중 첫 번째 것이 되었다. 현재는 「슬기로운 말하기의 요령」이라고 제목이 바뀌어 있어서, 원제와는 다소 동떨어져있으나 원래는 「화술의 과학」이었다.

다소 홍보같이 되어 죄송하지만, 내가 이제까지 써 온 90권 가까운 저서 중에서는 단기간에 폭발적으로 팔린, 이른바 베스트셀러로는 열 손가락에 들 정도가 될지도 모른다.

그러나 전체를 보게 되면, 어느 쪽인가 하면 장기 베스트셀러형으로 「20대에 남자가 해두어야 할 일」, 「30대에 남자가 해두어야 할 일」, 「40대에 남자가 해두어야 할 일」 이와 같이 몇 년 후에 백만 부 가까운 발행부수가 되고 있는 책, 즉 몇 년, 몇 십 년이 지나도 소재나 주제가 썩지 않고 많은 사람들에게 읽혀지는 것이 나의 책인 것이다.

나는 문장도 그런 식으로 썼으며 외래어나 유행어, 또는 젊은이들에게만 통하는 표현은 피하고 적어도 400장 원고지 속에는 같은 언어는 사용하지 않도록 주의하며 쓰고 있다.

이러한 모든 책에 있는 적어도 풍경이나 인물 묘사의 기본이 된 것은 나의 처녀작, 「화술의 과학」에 그 일부를 첨가시킨 실험이었던 것이다.

우선 결론의 하나를 요약한다면 인간의 눈은 자기의 왼쪽에 있는 대상을 먼저 재빨리 파악하고, 이어서 오른쪽으로 옮겨가서 고정되는 습성을 가지고 있다는 점이다. 이것은 모든 사람이나 그 자리의 조건에 모두 적용한다고는 말할 수 없지만 대부분은 설명할 수 있다. 즉 자기의 왼쪽에 보인 것은 강한 인상으로, 오른쪽에 있는 것은 안정된 인상으로 파악할 수 있는 것이다.

> **명화(名畵)도 감상의 방법에 따라서는
> 기억력의 요령이 된다.**

　레오나르도 다빈치의 명화 '모나리자'를 상상해보기 바란다. 모나리자는 화면 중앙으로부터 약간 오른쪽에 위치하고 있다. 만약 한가운데에 그려져 있다면 그 미소만으로 인류의 유산이 되지 않았을 것이다.

　육상경기에서도 200m 이상은 왼쪽으로 달린다. 주자는 왼쪽 눈으로 라인을 순간적으로 파악하면서 코스를 돌 수가 있는 것이다. 만약 오른쪽으로 돈다고 하면 달리기가 매우 어렵게 되어 라인을 밟거나 뛰어넘는 선수가 속출하게 될 것이다.

　나는 경마의 마권을 사본 적이 없지만, 말이 달리는 모습은 매우 아름다워서 좋아한다. 때때로 TV에서 경마중계를 보고 있으면 시계 방향으로 제 3코너를 달려 직선에 접어들 경우와 반대로 돌아서 라스트 스퍼트에 들어간 영상을 비교해보면 반대로 도는 쪽이 직선으로 말이 크게 옆으로 전개하여 늘어져 있는 생각이 든다.

　어디까지나 경마장에 가보지도 못한 사람의 엉터리 판단이지만, 시계가 도는 방향이라면 기수가 왼쪽 눈으로 파악하는 대상이 약하므로 오른쪽으로 모여지는 경향이 있으며,

반대로 돌게 되면 왼쪽 눈으로 다른 말을 파악하고 오른쪽 눈으로 자기의 안정된 위치를 찾을 수 있으므로 크게 넓어지는 것이 아닌가 한다. 물론 그 판단은 몇 분의 일 초라는 시간 속에서 행해지고 있는 것이며 기수 자신은 거의 무의식중에 그렇게 하고 있는 것이다.

나도 사전을 찾을 때 느끼는 일이지만 오른쪽 페이지에 있다는 것이 명백한데 찾는 방법은 왼쪽 페이지를 찾고 있었던 경험이 많다.

기억의 시초는 바로 인상이며, 기억의 재현도 또한 인상의 회복에 있다.

그 인상을 깊게 하기 위해 없어서 필요한 조건의 하나가 그림을 그리는 마음이라고 말할 수 있다.

훌륭한 화가는 순간적으로 눈에 들어온 풍경이나 정물, 인물, 나부(裸婦) 등에 보통사람과는 비교도 할 수 없을 정도의 미감(美感)을 순간적으로 품게 된다. 이것이 하나의 이미지가 되고 넓어져서 화폭 위에 예술작품을 때로는 서서히 때로는 단번에 그려내 간다. 그 기본이 되는 것은 말할 것도 없이 데생이다. 추상화라도 데생이 시툴면 좋은 그림은 그릴 수가 없다.

나는 전람회에 가면 거의 하루가 걸린다. 특히 명화라 일컬어지는 그림이 많이 전시되어 있으면 끝에 가서는 허리가 아파질 정도로 시간을 들여 감상한다. 하나의 작품 앞에서 10분이나 20분을 서 있기도 한다.

나의 감상법은 우선 바닥으로부터 그 그림의 액자 가장자리 위에 있는 선까지의 1.5배 되는 거리에 선다. 가사 180cm가 있었다면 거기에 90cm를 더하여 270cm 떨어진 곳이다. 이렇게 하면 그림의 전체 분위기를 맛볼 수 있다. 대작이건 소품이건 마찬가지이다. 가끔 갑자기 작품 바로 앞에 서는 사람이 있는데 이는 바른 감상법이 아니다. 그림이라는 것은 그 좁은 화폭 속에 커다란 공간이나 사람, 물건을 집약하여 그리는 것이며 그 전체가 곧 작품이다. 따라서 처음부터 바로 앞에서 그림의 부분을 보게 되면 감상의 가치가 매우 감퇴해 버린다.

1.5배의 위치에서 충분히 감상하고 나서 필요하다면 부분적인 기법을 가까이에서 검토한다. 그리고 다시 그전의 자리로 되돌아온다. 이렇게 하지 않으면 나에게 이 그림의 인상은 깊어지지 않는다. 기억의 수단이라고 하면 그 자리에서 제 6감을 작용시켜 재빨리 외워버리는 기술을 생각하기 쉬운데 그것은 그와 같은 재능이 뛰어난 사람이 하는 일이며 나와 같이 원래 감이 둔한 사람은 그저 꾸준히 노력해가는 것밖에 달리 방법이 없다. 그것도 일상생활 속에서 기회를 보아두지 않으면 다른 사람들과 같은 기억은 할

수 없다.

그러나 인상의 강약은 기억에 커다란 관계를 갖는다는 것은 확실하지만 기억 그 자체는 아니라는 것도 사실이다. 왜냐하면 기억은 그 사항을 생각해내고 그것이 정확하든가, 아니라면 적어도 근사치가 되도록 해야 하기 때문이다.

근사치의 범위는 측정하기 어렵지만 요는 그것을 발판으로 하여 정확성에 다가갈 수 있는 하나의 값이다. 이제까지 써 온 리듬을 갖는 방법이나 이 장에서 말한 그림 그리는 마음 등을 가리킨다.

한문자의 쇠퇴가 우리들의 기억력을 약화시키고 있다.

기억의 중대한 조건은 시간이다. 이는 달리 말하면 시간적 지속성이라고 해도 될 것이다. 아이 때의 기억이 평생 사라지지 않는 것은 오랜 지속성을 가지고 있기 때문이다.

우리들 대부분이 초등학교 시절에 배운 구구단을 막힘없이 암송하거나, 가감승제의 계산이 가능한 것을 생각해보면 알 수 있다.

그런데 글씨는 잊어버리게 된다. 예전에는 나이가 들면

저 글씨는 어떻게 쓰는 것이라고 대뜸 말할 수가 있었는데, 요즘에는 젊은 사람들이라도 글씨에 대한 기억은 부정확하게 되고 있다. 이른바 오자(誤字) 투성이가 된다. 워드프로세서가 보급됨에 따라 이와 같은 경향은 더욱 심해져가고 있다.

한문자를 많이 쓸 수 있다는 것은 우리들에게 있어서 하나의 문화였다. 우리가 문자에 대한 기억을 잃어버리는 무서운 결과는 멀지 않은 장래에 우리들의 자세를 크게 바꿔버릴 것이 틀림없다. 그리고 그와 동시에 우리들의 기억에 대한 공통적이고 근원적인 수단을 자기 자신 속으로부터 소실시키려 하고 있는 것이다.

프로그램에 대한 나 나름의 제작 순서

그건 그렇고 이 시간적 지속성을 실험하기 위해서는 앞에서 말한 기호를 써 넣은 주간지를 보관해두었다가 며칠, 아니면 몇 주일, 몇 개월, 혹은 몇 년 뒤에 또 해보면 된다.

나의 경우 매주 일요일 오전 7시 반부터 방송하던 인터뷰 프로그램의 수록은 정년퇴직 직전까지 대부분이 금요일 아침에 행해졌었다. 그리고 같은 일요일의 오후 7시 20분부터의 「퀴즈-재미있는 세미나」의 녹화는 그 전날인 목요일 오후 6시부터였다. 이 프로그램은 사전에 아르바이트 학생들을 출연자의 대역으로 하여 간단한 연습을 하고 순서를 정한다. 이것이 오후 4시 무렵부터이므로 나는 그때까지 모든 문제나 해답을 위한 자료, 진행의 줄거리를 기억해두지 않으면 안된다.

물론 연습부터 진짜 방송 직전까지 자료나 숫자를 정정하는 것이나, 순서를 변경하는 것 등은 흔히 있는 일로 '오냐, 이렇게 해서 해보도록 하자.' 하고 스태프들과 상의하여 결정하는 것은 대개 오후 5시 15분경이었다. 그 후 5시 30분에는 출연자가 모이고 나도 복장을 갖추어 TV용 화장을 하고 5시 45분에 전원이 스튜디오로 들어가서 50분부터 해답 쓰기나 주의사항에 대한 설명을 한다. 그리고 55분경부터 나는 비로소 여러분 앞에 나가 생각나는 대로 한 가지를 출제하고, 그것이 진실인지 거짓인지 답을 듣는다. 그것이 마이크로폰의 테스트가 된다. 이어서 이때까지 출제한 문제를 두 가지쯤 골라서 쓰는 요령이나 펜이 좋고 나쁨 등을 시험하고 6시에는 진짜 방송을 시작하게 된다.

이 두 가지 프로그램의 타합은 화요일 오후 1시부터 5시 사이에 행해지는데, 우선 1시부터 4시까지가 「퀴즈-재미있는 세미나」이며 내가 주임교수가 된다. 이것은 내가 멋대로 지어놓은 이름이었지만 그 역할 때문에 평소부터 나를 교수라고 부르고 있으므로 이 방송을 교수회라고 부르고 있었다.

전반이 2일 후인 목요일에 녹화하는 분의 타합이며 담당 PD의 설명을 듣고 여기서 스태프가 모아온 자료가 건네진다. 후반은 몇 주 후의 것은 사전 타합으로 대충 줄거리 이야기가 있고 나면 내가 의견을 말한다. 스태프로부터 아이디어가 나오게 되고, 이것을 바탕으로 본격적인 취재가 시작된다.

그것이 끝나면 곧 4시부터 진짜 방송의 타합을 하고 3일 후에 만나는 사람들에 대하여 PD로부터 본인을 만나고 온 인상이나 그때 이런 이야기를 했다든가 과거의 신문 담화나 저서에는 이러한 내용이 있었다는 설명을 간단하게 듣고 자료를 건네받는다. 그리고 현지 녹화 단계에 대하여 타합을 하게 된다. 아무래도 이러한 프로그램은 생생한 것이 중요하므로 내가 출연자를 만나는 것은 진짜 방영되기 1, 2분 전이며 얼굴을 보았으면 즉시 녹화를 시작해버린다.

내가 아는 한 모조리 조사하여 생각하고 추구하는 자세

화요일의 타합이 끝나고 돌아올 때 이번에는 나 자신이 각 방면에 전화나 편지로 주문해 둔 자료를 받으러 간다. 여기에는 나 자신이 노리는 것도 있으며 진행을 위해 필요한 말을 확실하게 하거나 앞에서도 말했듯이 50%는 자기 스스로 올바른 것을 하는 노력을 하지 않으면 안된다고 하는 신조에 따르기 위해서이다.

저녁 10시경부터 「퀴즈-재미있는 세미나」의 자료를 출제순과는 관계없이 무작위로 읽기 시작한다. 출제 순서에 비추어 읽게 되면 아무래도 진행의 방법에 얽매이게 된다. 사실 그런 것은 36년이나 이 세계에서 살아왔다면 거저먹기의 재주이며 곧잘 쉽게 해치워버릴 수 있기 때문이다.

마치 다큐멘터리 필름에서 내레이션의 각본만을 읽고 문장으로부터 정감을 만들어가며 화면의 분위기나 컷의 이음을 소홀히 하는 내레이터와 같다. 이러한 내레이터는 더없이 안이하게 일을 할 수 있지만 회상과는 전혀 다른 것이 되어버리는 것과 같다.

나는 이 경우에도 각본은 한 번만 대충 읽을 뿐이며, 필름을 착실하게 보고 거기에서 솟아나는 정감을 문장으로 옮기려 한다.

　TV는 분업화되어 그야말로 문외한이라도 프로그램을 만들 수 있게 되었지만, 나는 역시 장인으로서 살고자 한다. 신문이나 주간지에서 방송계 최후의 장인이라고 대서특필하는 것을 종종 보는데, 나는 그만큼 나 나름대로 일을 해왔다고 자부하고 있다. 나는 그날 밤중에 자료를 모두 읽어버린다. 이때 이를테면 숫자라면 숫자도 외우게 되는데, 암기하는 일은 없고 오히려 그 숫자에 잘못이 있는지 없는지, 다른 숫자나 자료와는 어떤 관계를 갖고 있는지를 내가 아는 최대한 모조리 조사를 한다.

　내가 아는 한이라는 것은 내 기억의 뇌리에 박혀있는 것을 말한다. 이에 대해 자세한 것은 나중에 장을 달리하여 이야기하기로 하고 이 수가 옳은지 그른지, 이것과 저것과의 상호 관계는 어떻게 되는가를 생각하는 부분은 어디까지나 나 자신의 상상력에 맡기고 있다. 비록 이것이 바른 수라도 단순히 쓰여져만 있는 수를 눈을 감고 암기하려는 것과 거기에 자기의 힘을 작용시키려는 것과는 분명 차이가 있다. 티끌 모아 태산이라고 나는 거기에 나 자신의 기억력을 푸는 열쇠가 있는 것처럼 생각하는 것이다.

> 산만한 시간이 기억력을 약화시킨다.
> 요점은 집중력이다.

　전문가의 말처럼 기억력은 선천적인 뇌세포의 작용에 의한 바가 많을지도 모른다. 하지만 앞에서도 말했듯이 나는 이 세상에 베토벤이나 셰익스피어, 괴테와 같은 극히 소수의 예외를 제외하고는 천재란 존재하지 않는다고 생각한다. 오히려 오직 노력함으로써 천재라고 불리만한 훌륭한 능력을 가지는 사람이 존재하는 것이라고 믿고 있다. 나는 어렸을 때부터 몸이 병약해서 체력은 물론이고 아무런 재능도 없었다. 그래서 적어도 노력하는 능력을 가지고 있는 많은 사람들에게 한걸음이라도, 아니 반걸음이라도 가까워지려고 노력을 해왔다. 그렇지 않으면 내가 무엇 때문에 이 세상에 인간으로 태어났는지를 알 수 없게 되어버리므로 내가 할 수 있는 범위 안에서 모든 것을 하고 있을 뿐이다.

　그런데 A의 자료에서 B로, 또 C로 옮기게 되면 또다시 A로 되돌아오는 경우가 있다. 이런 상황에서 그때의 인상이 도움이 되는 것이다. A의 어느 페이지의 어느 부분에 씌어져 있었던가를 새삼스럽게 찾지 않더라도 대체적으로 순간 느껴지게 된다. 이것은 시간을 절약할 수 있기도 하다.

얼핏 생각하면 이것은 기억과는 전혀 관계가 없는 것처럼 생각되지만 기억에 있어서 필요한 것은 집중력이다. 집중력이란 짧은 시간 속에 모여진 힘을 말한다. 야구의 타자로 말하면 투수가 투구 모션을 취하고부터 방망이가 공에 닿을 때까지의 시간에 응집되는 힘을 말한다.

요령이 나빠서 허비하는 시간이 있게 되면 기억력은 약해져 버리게 된다고 생각한다. 미리 재빨리 준비를 하게 되면, 다음에는 그 문제에 대해 모은 자료를 모두 읽고 필요한 부분을 거듭 검토해야 한다. 그리고 여기서부터 어떤 것이 파생해 오는가를 상상하여 그에 대한 자료를 읽을 정도가 되지 않으면 그것은 결코 자기의 것은 되지 못하는 것이다.

자기의 것으로 만든다는 것은 기억을 할 수 있었다는 점과 그 기억을 바탕으로 하여 어떻게 표현할 것인가까지를 완성시켜야 한다. 거기에 도움이 되는 것이 그림을 그리는 마음을 바탕으로 한 인상이라고 생각한다.

진짜 방송할 차례에서 순간적으로 머릿속이 텅 비게 될 때

　인생에는 기억에 남는 사람이나 날, 또는 사건이 있다. 학창시절은 좋았었지라는 막연한 기억이 아니라 살아가는 용기가 용솟음치는 추억이다. 그 시절은 반드시 상당히 농축된 시간이다. 다행히 나에게는 고등학교 시절의 3년이라는 긴 기간은 그 무엇과도 바꿀 수 없는 귀중한 청춘의 기억을 가지고 있다. 내 또래의 사람에게는 잊을 수 없는 전쟁 체험도 있을 것이다.

　그러나 그 외에도 인생관의 기초가 되는 기억이라는 것, 적어도 내 기억 속에서 그런 기억들은 몇 분에서, 하루 내지는 이틀 동안에 생긴 것들이다. 반대로 뭔가의 이유로 집중력이 중단되게 되면 모처럼 불러일으킨 기억도 공백이 되어버리는 경우도 있다.

　진짜 방송을 하게 되면 나의 중요한 구실은 어떻게 그 프로그램을 즐겁게 하는가에 있었다. 하지만 나도 「퀴즈-재미있는 세미나」를 담당하던 8년 동안에 순간적으로 머릿속이 텅 빌 때가 있었다. 그것은 불과 2, 3초였는데 그때에는 눈앞이 하얗게 되는 것 같았다.

　한 번은 출제를 하려고 출연자의 이름을 불렀을 때 갑

자기 그 사람의 얼굴이 창백해지고 이마에서는 구슬과 같은 땀이 흘러내리는 것을 보았다. '앗, 몸이 좋지 않은가보다.'라고 생각하는 순간 나는 문제를 잊어버리고 말았다. 나중에 들은 이야기이지만 그 출연자는 그 전날 철야를 했기 때문에 몸의 컨디션이 좋지 않았다는 것이다. 나는 순간적으로 "괜찮습니까? 땀을 많이 흘리고 있는데요."라고 단 두 마디를 했고, 이와 동시에 문제 출제 시 자료로 삼았던 책표지의 인상이 머릿속을 스치며 문제가 다시 생각나게 되었다.

그리고 또 한 번은 진짜 방송을 시작하기 10초 전이라는 말을 들었을 때였다. 나의 왼쪽에 있는 출연자들 사이에서 이러한 문제가 나올 것 같다는 속삭임이 들려왔다. '이것 큰일났군. 문제가 어디선가 새어 나간 모양이야.'라고 직감했으나 이미 주제 음악이 울리기 시작했다. 그때는 스태프들과 타합을 하는 것이 불가능했다. 오른쪽에 있는 출연자부터 질문을 시작했는데 어딘가에서 문제의 순서를 바꿔야 하는지 전혀 모르게 되어버렸다.

그래서 연출하는 아가씨와 타합한 순서에 따라 뛰어나와 버렸다. 내가 순서를 갑자기 바꾸면서 스태프들은 이에 대응을 할 수 있을지 나도 몰랐다. 그래서 나는 나의 오른쪽에 있는 세 사람에게 출제를 하고 해답을 받으면서 머릿속은 점점 텅 비는 것을 느꼈다. 드디어 왼쪽에 있는 사람들 차례가 되었다. '오냐, 여기에서 해보자.'라고 왼쪽의 두 번째와 세 번째에 앉은 사람의 문제를 바꾸어 버렸다. 다행히 스태프들도 나와 이심전심이었다. 전원의 집중력 덕택으로 이 경우는 겨우 위기를 모면할 수가 있었던 것이다.

제5장

숫자 공포증이 없어지는
스즈끼식(乾本式) 노하우

자기에게 따라다니는 숫자를 우선 제대로 외운다.

항상 얼굴을 맞대고 있는 직장동료나 친구들이라 하더라도, 또는 초면인 사람이라도 요 10년 동안 나에게 질문을 하는 것은 다음의 두 가지로 요약된다.

"어떻게 하면 그렇게 잘 외울 수가 있습니까?"

"어떻게 숫자 억 자리로부터 소수점 이하까지 언제나 막힘없이 나올 수 있습니까?"

다음에는 모두가 뭔가의 방법이 있지 않겠는가 하며 가르쳐달라는 말을 한다. 나는 이에 대해 이미 만성이 되어버려서 상대가 나에게 물어볼 것이 있다고 하면, '앗, 또 그 이야기로구나.' 하고 생각되어 지겹기도 하다.

왜냐하면 나는 그것은 제대로 설명을 할 수 없기 때문이다. 설명하기 위해서는 이 책 1권 분량을 읽을 만한 시간이 필요하며, 이렇게 해서 한 자 한 자를 확인해가면서 주의 깊게 쓰지 않으면 안 될 정도로 대답하기도 어렵기 때문이다.

아무튼 첫째로는 제 3장에서 말했듯이 나는 숫자를 말하고 있는 것이 아니라 극히 일상적인 말을 하고 있는 것이며, 단지 어쩌다가 그 속에 내용으로 숫자가 들어와 있었던 것이다. 게다가 그 숫자는 큰 숫자라면 이것은 이렇게도 큰 것이라고, 소수점 이하는 이만큼 작은 것인데 놀랍지 않냐고 숫자가 사람들에게 주는 감동을 화제로 삼고 있을 뿐이다.

이런 숫자들은 눈을 껌벅이거나 천장을 물끄러미 바라보거나 팔짱을 끼면서 괴로워하며 머릿속에 억지로 쌓아놓은 일은 없다. 그저 자연히 들어갔을 뿐이다. 이 '자연히'라는 점이 이와 같이 자기 분석을 해보면, 그것이 문제가 아닌가 생각된다.

세계에서 나만이 숫자를 쓰고 있는 것은 아니다. 50억 남짓한 인간이 각각의 언어로 숫자를 사용하고 있는 것이다. 그런데 이와 같이 무한한 숫자 중에서도 자기에게만 붙어있는 고유의 숫자가 몇 가지는 있게 마련이다.

예를 들어, 1988년이라고 하는 연대는 양력을 사용하고 있는 국가나 민족에 속해있는 한 자기가 가지고 있는 숫자이다.

1988은 외우기 쉬운 숫자이다. 8이 두 개나 배열되어 있기 때문이다. 9에서 1을 빼면 8이므로, 8이 세 개나 있다고 생각해도 된다.

그리고 숫자만 두고 말한다면 1234……와 같이 배열되는 정수나 9876……과 같이 반대가 되더라도 제대로 정연하게 배열되어 있는 숫자는 굳이 외우려고 하지 않아도 알 수 있다.

구구단도 마찬가지이다. 1×1=1부터 시작하여 9×9=81까지의 81가지 병렬배열법(竝列配列法)은 어렸을 때부터 익숙한 수일 것이며 굳이 외울 필요가 없다. 이와 같이 자기에게 따라다니고 있는 수는 상당히 많다고 말할 수 있다.

나는 1929년에 출생했으므로 1929는 나의 숫자이다. 이 숫자는 수로 보더라도, 또 역사를 보는데 있어서도 나 자신에게 있어서 매우 중요한 기준이 된다.

그리고 내가 초등학교에 들어간 1935년과 중학교에 들어간 1941년, 그리고 이 해 11월 8일에 태평양전쟁이 시작되었으므로 3541과 118은 바로 나의 숫자가 되는 것이다. 그리고 1945년 8월 15일은 일본인이라면 누구나 영구히 뇌리에 새겨져 있어야할 해 이므로 절대적인 수가 된다. 동시에 1945라는 수도 잊을 수가 없다.

그리고 우리집 번지는 3-23-17이므로 이것을 조합하여 32317이나 323, 2317 등도 외우기 쉬운 숫자가 된다. 따라서 근무처를 포함하여 내가 알고 있는 전화번호, 근무하고 있는 종업원의 수 등도 결국 나 자신의 숫자가 되는 셈이다.

여기에 가족들의 생년월일까지 합치면 통속적으로 누구나 알고 있는 수, 이를테면 자기를 따라다니는 수, 즉 말과 하나의 언어가 되다시피한 수는 상당히 많게 된다.

    학교를 문과계에서 보내고 직업도 거의 숫자를 필요로 하지 않는 나조차도 이 정도의 숫자가 있다. 아마도 당신이라면 틀림없이 더 많을 것이다. 가능한 한 그것을 모두 생각해 보기 바란다.

    이와 같은 숫자를 머릿속에 확실히 새겨두면 수를 외울 때에 매우 편리하다. 즉 생일과 번지, 전화국 국번을 배열하여 말해가면 되고, 다음은 자리를 틀리지 않도록 의식을 집중하고 있으면 얼마든지 쉽게 말할 수 있다.

자릿수가 많은 숫자는 4자리로 나누어 버린다.

　다만 주의해야 할 것은 숫자는 어디까지나 숫자이므로 '사십일조이천삼백삼십이억삼천백칠십삼만사천사백육십팔' 이라고 외우지 않으면 안된다. 여기에 제 3장에서 말한 리듬감을 충분히 활용하면 된다. 이 이외의 기억의 방법은 모두 하나의 보조수단에 지나지 않는다. 이것을 모르고 외우는데 익숙해버리면 재미는 있을지 모르나 참다운 기억에는 도움이 되지 않는다.

　참다운 기억이란 단순히 게임이 아니라 당신의 인생에 필요할 때 도움이 되고 당신 자신에게 산다는 용기를 불어 넣어주는 그러한 기억력이다.

　그러나 열심히 외우려고 해도 우리에게 불편한 것은 아라비아 숫자의 천 단위로 나누어지는 콤마(,)와 우리의 백, 천, 만, 억, 조의 자리가 맞지 않는다는 점이다. 서양식으로는 3자리로 끊지만 우리는 4자리로 끊는 것이 바람직하다. 41233231703468을 보더라도 서양식은 41,233,231,703,468이 된다. 조나 억의 단위에 있어서는 이렇게 하는 것이 훨씬 편하다고 말할 수 있다.

　그러나 이 숫자를 영어로 말한다면 미국인이나 영국인들

이라도 큰 고역이 될 것이며, 우리들이라면 영어에 상당히 숙달되어 있는 사람이라도 그것을 쉽게 말할 수는 없을 것이라고 생각한다.

그 하나는 이것을 말로 하면 매우 길어진다는 점과 또 하나는 역시 우리들에게는 우리들의 단위가 머릿속에 들어있기 때문이다. 우리들의 방법이라면 41,2332,3170,3468로 하는 편이 ','를 찍은 곳에 만, 억, 조의 단위를 적용하여 읽는 것이 편하고 훨씬 간단하다.

나는 가끔 우리끼리라면 물품에 붙이는 가격표도 이렇게 통일하면 어떨까하고 항상 생각하고 있다. 쇼윈도 앞에서 고개를 갸우뚱거리며 과연 얼마인가 하고 셀 필요도 없으며 한 자리를 틀려서 창피를 당하는 일도 없지 않을까?

아무튼 '사십일조이천삼백삼십이억삼천백칠십만삼천사백육십팔'이라는 수를 한문숫자로 한다면 눈으로 보는 기억은 결코 쉽지 않으므로 이것을 아라비아 숫자로 고친다. 나는 나 자신이 외울 때에는 4자리의 우리식으로 나누어 버린다. 이에 대해 몇 번이고 말한 바가 있지만, 자기 혼자만의 방법이라면 어떤 것이든 자유롭게 활용해도 되지 않을까 한다.

> ### 메모나 전자계산기에 의지하지 않고
> ### 될 수 있는 대로 자기의 뇌를 사용한다.

　나는 주로 종이에 써서 외우는 방법은 취하지 않고, 그 자리에서 바로 머릿속에 새겨 넣어 버린다. 간단한 계산은 평소부터 애를 써서 속셈을 하고 있다. 내가 3자리나 4자리의 곱셈이나 나눗셈의 답을 갑자기 말할 때 주위 사람들은 놀라는 표정을 하게 된다. 하지만 그것은 나의 습관 중 하나일 뿐, 굳이 자랑스럽게 말할 것도 아니다.

　사실 이것을 나쁘게 말하면 나의 방법이 오히려 엉터리인 것이다. 나는 메모를 하기 위해 종이나 연필을 찾거나, 전자계산기나 주판을 꺼내는 것을 귀찮아한다. 이것은 나의 성질이 급한 탓도 있을 것이다.

　그리고 좋게 말한다면 될 수 있는 대로 머리를 이용하여 외우는 쪽이 모처럼 몸의 맨 위에 자리하고, 태어날 때부터의 비품이기도 한 뇌를 십분 이용하는 것이라 생각한다. 또 이 세상 인류의 모든 지식에 비하면 나의 지식 정도는 사하라 사막에 있는 모래알의 몇 조분의 일에도 해당되지 않는다. 따라서 나는 뇌를 사용하지 않는 것은 너무나 큰 손해라고 하는 구두쇠 정신과 같다는 생각도 한다.

　엉터리라고 말하면 좀 어떤가하고 생각도 되지만, 억겁

(億劫)의 겁(劫)이란 하늘에 있는 육십 리 사방의 돌을 천사가 해마다 한 번씩 옷소매로 만져서 그 돌이 완전히 소멸할 때까지의 시간으로서, 억겁은 그의 1억 배가 된다는 것이다. 그 정도로 지난 다음에 가까스로 일을 하게 한다는 초 슬로 모션(slow motion)이라는 뜻이 된다.

본질적으로 나는 이 부류의 인간에 속하는데 잘못하여 초 단위의 일을 하는 방송국에 들어가 버렸기 때문에 직업과 본래의 나 사이에 끼게 되었다. 그리고 너무나 고통스러운 나머지 나 자신의 식으로 한다면 이번에는 그것이 예기치 않은 엉뚱한 평가를 얻게 되어 기억력이라고는 생각지도 않았던 것을 쓰지 않으면 안되는 처지에 놓여버린 것이 사실이다.

그리고 이 고통을 구체적으로 보여주는 것 중 하나가 숫자를 보조적 수단으로 사용하여 외우는 것이다. 그러므로 나는 이러한 수단을 많은 분들에게 이야기한다는 것은 부끄러운 일이라고 생각되어 "글쎄요, 아무것도 없는데요."라고 말하게 되는 것이다. 따라서 그 점을 이해해 주기 바란다.

63972 + 42817 = 106789 를 외우는 비결

그러나 앞에서와 같이 나에게 고유한 수만이 배열될 경우에는 아마 만분의 일도 틀림이 없을 것이다. 그러나 그것이 행한다고 해서 다 되는 것일까?

예를 들어 통계를 보고 있으면,

63972+42817=106789

라고 쓰여 있으며 이것을 외워두는 쪽이 편리하다고 하자. 그리고 이 속에는 자기 자신의 고유의 수는 아무것도 없다고 하자.

물론 이것을 솔직하게 숫자로서 기억하는 것이 가장 좋은 방법이다. 이것을 리듬으로 고치면 '육만삼천구백, 칠십이, 더하기, 사만이천, 팔백칠십, 은, 십만, 육천, 칠백, 팔십구'가 된다. 이것이 내가 이 수식에 대하여 취할 수 있는 리듬이 된다. 구, 백, 십 등의 두 가지 음이나 세 가지 음으로 나 자신에게 편리한대로 사용하고 있다.

그래도 잊어버릴 것 같으면 63972라면 최초의 6만은 확실히 외운다. 다음의 3을 잊어버릴 것 같을 때에는 6의 반은 3이라고 6에 관련시켜 기억한다. 9는 6+3인 9라고 해도 좋다. 또는 3,6,9는 3의 배수이므로 머리에 있는 세 가지는 3

의 배수가 이어지는 것이라고 하는 루트를 외워두는 방법도 좋다. 아무튼 모든 일은 대개의 경우 하나의 계기로부터 공략하는 것도 유리하다.

다음의 7과 2는 그 바로 앞이 9이므로 7+2=9이며, 9-7=2라고 해도 된다. 아무튼 9와 7과 2가 배열되어 있었구나 하고 머리의 한 구석에 그려두면, 만일의 경우에라도 그것을 그대로 떠올릴 수 있게 된다. 이와 같이 인간은 불가사의한 힘을 가지고 있다.

그런데 걱정되는 것은 7과 2 중에서 어느 쪽이 먼저였던가 하는 점이다. 72였던가 27이었던가를 어딘가에서 확인할 필요가 있다. 그 하나는 이 수가 6에서 시작하여 2로 끝나는 짝수라는 것을 아는 일이다. 한 가운데 있는 세 가지 수가 모두 홀수이므로 이것은 중요한 힌트가 되지 않을까 한다.

다음에 더하는 수 42817도 마찬가지이다. 우선 4를 외운다. 앞의 수가 6으로 시작되었으므로 이것도 짝수로 시작된다고 기억하고 있으면 된다. 6+4=10으로 5나 10은 그것을 나눌 때에는 엉뚱한 수가 되므로 6에 더하여 10이 되는 수였구나 하고 스스로 익혀기면 된다.

그 다음은 4의 반인 2와 그리고 4×2의 8이 계속되고 있으므로 외우기가 가능해진다.

그런데 다음의 1은 아무것에도 걸리지 않는다. 그러나 앞의 8이 있고 뒤에 7이 있으므로 8=1+7이라는 모양이 될 수도 있다. 이 경우에도 71인가 17인가를 잘 분간하기 어려울 수가 있다. 이렇게 되면 사소한 기술에 의지하는 것보다 맨 나중은 Lucky 7의 7이라고 강하게 스스로 인상지우려고 하는 일종의 정신력을 발동해야만 한다.

사실 나도 진짜 방송을 하기 직전에 이제까지 모처럼 외운 숫자가 모두 지나간 낡은 것이므로 새로운 것이 지금 방금 들어왔다고 하며 건네주는 수가 몇 번이나 있었다. 이럴 때 최후의 의지가 되었던 것은 한 번 대충 보기만 하고 외웠다고 스스로 나에게 일러주는 기력이 큰 도움을 주었다. 그것은 마치 불이 난 집에서 사람이 순간적으로 괴력을 발휘하는 것과 같다.

답의 106789에서는 1이 시작이고 다음이 0이다. 원래의 수와 더해지는 수의 머릿수는 6과 4였으므로 6+4=10, 즉 1과 0이라는 것도 기억을 한결 쉽게 한다. 그 다음은 오직 우연이지만 6789이므로 문제는 없다고 생각된다. 말하자면 678901이 변형된 수라고만 알고 있으면 된다.

> 외운다는 감동을 맛볼 수 있게 되면
> 그때는 벌써 성공이다.

만일 종이에다 쓰게 되면 매우 길어져서 결코 외울 수가 없다고 생각될지 모르나 역시 직접 해보면 생각 외로 간단하다. 스스로 임의의 수를 써놓고 외워보면 된다. 당장 그 요령을 깨닫기는 어렵겠지만, 이것을 반복하여 연습을 한다. 그 후 수를 보았을 때의 감동이 차례로 자기 머릿속에서 구체화되어 가는 기쁨을 맛볼 수 있게 되면 그때는 이미 성공한 것이나 다름없다.

내가 당신에게 꼭 알아두기를 바라는 것은 오직 이 한 가지 뿐이다. 내가 이렇게 해서 서툰 펜을 움직이고 있는 것은 무슨 속독술이나 암기술을 쓰려고 하는 것이 아니다. 그에 대해서는 이미 많은 사람들이 훌륭한 책을 수없이 써왔고 지금도 쓰고 있다.

사실 나는 그런 종류의 책을 지금까지 한 권도 읽은 적은 없다. 하지만 서점의 서가에는 언제나 꽂혀있는 것을 보면 그 수요가 상당하다는 것을 알 수 있으며, 내용도 틀림없이 훌륭한 기술이 쓰여 있을 것이다. 그와는 전혀 다르게 이 책은 인간에게 갖춰져 있는 기억력을 통해 자기 사진을 해명하고 호기심을 왕성하게 함으로써 보다 즐거운 인생을 살기 바라는 소박한 마음으로 쓰고 있을 뿐이다.

> 백 가지를 조사하여 한 가지를 사용하는
> 기분으로 일을 한다.

　지금 나는 이 부분의 원고를 열차 안에서 쓰고 있다. 때마침 열차는 호숫가를 지나고 있다. 호수에는 잠깐이지만 젊은 사람들이 보트를 즐기고 있는 것이 보였다. 잘은 모르지만 호수 주위에는 캠프장이 있지 않은가 한다. 그곳은 계절을 불문하고 늘 활기가 넘친다. 그렇게 하면 나의 머릿속에 돌연히 '1990년에는 전국에서 캠프장이 4691개가 생기며, 가장 많은 곳은 홋카이도(北海道)로 346개가 있다. 그리고 그 다음은 나가노현으로 288개이다.' 라는 숫자가 떠오르게 된다.

　이것은 반년 전에 알게 된 데이터이다. 이것이 계속 떠오르게 되면 잠깐 본 호수의 풍경이 한결 인상 깊어진다. 그것은 단순히 시각적으로 본 것뿐만 아니라 마음에 강하게 남게 된다. 이것은 언젠가 새로운 모습으로 나에게 도움을 주게 될지도 모른다.

　세계적 명화를 그린 화가의 그림은 항상 그의 눈앞에 있는 풍경을 그대로 그린 것이라고 할 수는 없다. 때로는 그가 언젠가 어딘가에서 만난 다른 아름다운 풍경이 그림의 어딘가에 작용하거나 표현되는 경우가 있다. 그에게 있어서는 그 풍경이 매우 선명하고 즐거운 기억이었던 것이다. 이렇게 해서 그 화가의 화풍은 한결 깊고 넓어져 가게 되는 것이다.

그러한 의미에서도 나는 당시에는 다소 고통스러운 느낌이 드는 경우도 있기는 하지만, 나 자신을 잠깐이라도 보다 넓히기 위해 욕심을 내서 숫자를 외운다. 그러나 「퀴즈-재미있는 세미나」의 내용에서 사용하는 숫자는 그 중의 몇 십분의 일도 되지 않는다.

요컨대 이 사항은 이토록 큰 것이라고 하는 인상을 주게 되면 나의 구실은 끝나게 된다. 그러므로 앞뒤의 분위기를 계산하여 여기에는 숫자를 사용하는 편이 효과가 더 오르지는 않을까 라든지, 여기서는 베스트 10의 숫자를 억 단위까지 모두 외우고 있으나 그것은 나타내지 않고 가벼운 웃음으로 대신하는 편이 훨씬 재미있지 않을까 하는 생각으로 프로그램을 진행한다. 그러면서 순간적인 감으로 말하기도 하고 또는 말하지 않기도 하며, 가끔은 그것을 요약해서 말하기도 한다.

백 가지를 조사하여 한 가지를 쓸 것인가, 아니면 쓰지 않을 것인가의 생각으로 하고 있다. 즉 각본을 쓰면서 편집을 동시에 하고 있다고 생각한다. 각본을 위해서는 미세한 자료까지 수없이 외우지 않으면 안되며, 편집은 그것을 어디까지 버리는가에 따라 성과가 나타나게 되는 것이다. 따라서 버릴 것은 아낌없이 버릴 수도 있어야 한다.

뭔가의 기억과 결부시키면 방대한 숫자도 외울 수 있다.

사람은 누군가를 만났다는 것을 100% 외우고 있는 것은 아니다. 당신은 초등학교 6학년 때 학급 친구들의 얼굴과 이름을 지금 당장 모두 생각해낼 수 있겠는가? 나이가 듦에 따라 그 수는 줄어들고 결국 동창회에서도 저 사람이 누구였더라 하고 고개를 갸웃거리게 된다. 그러나 인상에 남은 아주 적은 수의 아이들의 모습은 지금까지도 기억을 하고 있다.

인간의 뇌는 그런 점에서는 상당부분 헛일을 하고 있다. 컴퓨터라면 입력한 데이터는 모두 저장되어 있을 것이다. 다만 여기에 저장된 기억의 양과 질이 문제가 되는 것이다. 기억의 양은 많으면 많을수록 좋다고 생각한다. 하지만 사람들이 기억할 수 있는 양은 많지 않으므로, 처음이 적으면 남는 것도 적게 된다. 독서가라고 일컬어지는 사람이 우선 닥치는 대로 책을 읽어나가는 것부터 시작하는 것과 같다.

이를테면 현재 세계에는 약 50억 명이 살고 있으며, 4천

가지 정도의 언어가 사용되고 있다. 그러나 1억 명 이상이 사용하고 있는 언어는 다음의 11 가지뿐이다.

중국어 : 약 10억

영어 : 약 4억

러시아어 : 약 2억 8천만

힌디어 : 약 2억 2천만

벵골어 : 약 2억 1천만

인도네시아어 : 약 2억

일본어 : 약 1억 2천만

포르투갈어 : 약 1억 1천만

독일어 : 약 1억

아라비아어 : 약 1억

여기에서는 1억 이하의 인구가 사용하는 언어는 생략했다.

그런데 이토록 많은 것을 어떻게 외울까가 문제이다. 다행히 백만 이하의 수는 없다. 일본어의 1억 2천만 명은 일본인의 수와 같으므로, 상식이기 때문에 굳이 외울 필요는 없다. 단위를 일률적으로 한다면 러시아어의 2억 8천만 명도 2.8억 명이 되어 간단히 외울 수가 있다. 우선 나 나름의 리듬감을 살려 말한다면 "중국, 10억, 영어, 4억"이 되며, '중'과 '10'을 한 가지 음으로 하면 2·2·4가 된다.

이와 같이 리듬감을 살려서 외우면 기억하기가 훨씬 쉬워진다.

나라 이름도 4가지 음으로 나누어서 리듬을 붙여주면 어디에나 적용할 수 있지만, 한 번 잘못하면 모두가 연거푸 잘못하게 된다.

그러나 다행히 나는 중학교 시절에 세계지리를 배웠으므로 중동에 있는 나라 등 각국이나 아프리카 여러 신흥국가들의 위치까지는 정확히는 모르더라도, 세계지도의 윤곽 정도는 머릿속에 그릴 수 있다. 여기에 나오는 최초의 중국은 말하기 시작할 때부터 반드시 외워야 한다. 그리고 다음의 영어부터 말하게 되면 동시 진행이 되어 나의 머릿속은 세계지도를 좇기 시작한다.

영국에서 남쪽으로 내려가 스페인으로 선을 긋고, 오른쪽으로 연장시켜 러시아로, 그리고 아래로 내려와서 힌디어를 말하는 인도의 뉴델리 근방으로, 그리고 벵골만이나 캘커타 부근에 눈을 돌려 오른쪽으로 가서 오른쪽 엇비슷하게 내려감으로써 인도네시아, 거기서 다시 북상하면 일본, 북미 대륙을 횡단하여 포르투갈로, 이어서 독일, 그리고 맨 나중에 아라비아로 그 선은 연장되어 간다.

앞에서도 말했듯이 기억은 결코 뇌의 단일적인 작업이 아니라 과거에 축적된 지식이나 경험에 기억이 필요한 그 상황에서의 체험이나 상상 등이 복잡하게 얽혀서 행해지는 작용인 것이다.

  이 경우도 희미하나마 세계지도의 윤곽이 기억된 과거로부터의 투영과 지금 새롭게 기억하려고 하는 사항이 겹쳐짐으로써 하나의 지식이 축적되고, 그것은 시간이 흐르면 기억이라고 불리는 모양으로 바뀌어 가는 것이다.

외운 데이터의 조합을 조금만 바꾸어도 화제에는 불편이 없다.

  당연히 이 데이터로 보면 중국이 얼마나 큰 나라인가에 대하여 놀라움의 인상을 갖게 된다. 그리고 영어의 4억 명은 실제로 생활 속에서 사용하고 있는 사람의 수이며, 장차 우리와 같이 영어를 제1외국어로 사용하게 될 사람의 수를 합친다면, 영어의 힘은 중국어를 훨씬 앞지르게 될 것임을 이해할 수 있다.

  그리고 세 번째인 스페인어가 이토록 많은 사람들에 의해 사용되고 있음에도 불구하고 영어 정도의 힘을 갖지 못한 역사적 이유를 생각하게 한다. 그리고 러시아의 2억 8천만 명과 중국어의 10억 명은 두 나라의 면적은 넓지만 비슷한 국가 형태로서 외부로의 팽창이 없었다는 사실을 말해주고 있다.

이와 같은 놀라움이 바탕이 되고, 또한 에너지가 되어 이 데이터를 외워두면 뭔가 도움이 될지도 모른다는 의욕으로 이어져 가는 것이다.

이것은 실제로 말할 때에는 "세계 인구 약 50억, 사용되고 있는 언어 약 4천 종류, 그 중 1억 명 이상이 사용하고 있는 것은 11종으로, 가장 많은 것이 중국어인 10억이고, 두 번째가 영어인 4억이다."와 같이, 여기까지는 무난하다. 이렇게 전부 말하지 않으면 주제도 내용도 막연해져 버린다.

그 다음에는 모두 이 구절을 화려하게 장식하는 것이라고 생각하면 좋을 것이다. 중요한 것은 목적과 내용을 정확하게 상대에게 인상을 지워주는 것이므로 영어까지만 말하면 충분하다. 다만 상대의 호기심이나 그 자리의 분위기가 더 많은 것을 알고자 할 때에 나라면 다음과 같이 말할 것이다.

"스페인어가 3억이며, 2억 대는 러시아어, 그 외 3개 국어, 1억대가 일본어나 독일어 등이다."

여기서 상대가 더 알고자 한다든가, 단번에 알리려 할 때는 호기심을 일으킬 수 있도록 천천히 말해준다. 그리고 상대의 관심이 적은 것 같으면 빠른 템포로 외우고 있는 것을 모두 말하면 된다. 물론 이외에 그 자리에 따라 여러 가지 말하는 방법이 있을 것이다.

말이라는 것은 항상 상대편에 대한 서비스이다. 말을 적당한 정도까지 하는 것이 좋다고 말한다. 하지만 때와 장소에 따라 적당한 정도의 직전까지, 아니면 한걸음 더 나아가든가, 또는 과감하고 강하게 나가서 상대를 압도하든가 순간순간 판단하면서 말하는 사람이 정말로 말을 잘하는 사람이다. 그 바탕에서 지탱할 수 있도록 도와주는 것이 바로 기억력이다.

말의 내용 중에 정확한 수나 정보를 넣고 그것을 원활하게 말한다면, 이는 말의 내용에 상당한 설득력을 부여하는 것이 사실이다. 그렇게 되면 상대에게 내가 착실하게 이 문제를 연구하고 있다는 인상을 주게 된다. 그러나 그것도 억지가 되지 않도록 듣는 사람에게 가벼운 놀라움을 느끼게 하는 정도가 적당하다. 말하는 도중에 괜히 쓸데없이 영어를 사용하는 사람이 있는데, 이런 말은 듣는 사람에게 어쩐지 거북함을 느끼게 한다.

「퀴즈-재미있는 세미나」에서 나의 경우는 수천만 명의 불특정 다수가 상대이므로, 다소 강하게 밀고나가야 한다. 그렇지 않으면 프로그램의 인상도 엷어지고, 스대프들이나 내가 고생하여 모은 데이터가 수포로 돌아갈 수도 있다.

기억을 불러일으키는 계기가 되는 열쇠를 자기 나름대로 만든다.

　컴퓨터와 달리 인간의 뇌는 기억 여부를 전파로 들여다보고 확인하는 것이 아니다. 말하거나 쓰지 않으면 자기에게 기억력이 있다는 것을 알지 못한다. 만약 당신이 숫자나 간단한 식과 답을 기억해야 할 경우가 있다면, 그 필요성이 틀림없이 당신의 머릿속에 그것을 저장해 줄 것이다.

　여기서 중요한 것은 기억을 불러일으키는 계기가 되는 열쇠를 어딘가에 가지고 있어야 한다는 점이다. 그러기 위해서는 기억하지 않으면 안될 사항을 말로 정리하고, 입 밖에 내서 말해보는 것도 하나의 방법이다. 앞에서 예로 들은 언어인구의 문제라면 나는 "현재 세계에는 50억이라는 사람들이 살고 있으며……"라고 말을 꺼내고 그 다음에는 "그 내역은 중국어가 약 10억 명……"이라는 설명의 첫머리에 해당하는 이 두 가지 말은 분명히 말할 수 있도록 연습한다. 그러면 그 다음에 나올 내용들은 자연스럽게 말이 나오게 될 것이다.

제6장

연대와 **역사**는 점과 선의 이음으로 **기억**한다.

"어떻게 연대를 저렇게 막힘없이 외울 수 있을까?"

"어쩌면 연대가 그토록 수월하게 나오게 됩니까? 나는 전혀 그것이 안되던데요."

역사학자나 연구자들로부터 이런 말을 요 10년간에 걸쳐 얼마나 많이 들었는지 모른다. 때로는 나를 역사 전문가로 착각하고 역사에 대한 강의를 의뢰받기도 했었다. 그러나 여기에 대해서는 모두 사양했다.

나는 엄밀히 말하면 역사를 여러 면에 걸쳐 애호하고 있는 사람이다. 역사에 대해 관심이 없는 사람보다는 다소 자세할지 모르지만, 학자도 아니고 연구자도 아니다. 더욱이 강연 같은 것은 도저히 할 수 없는 처지에 있다.

이외에도 두 가지 테마라면 거절하는 방법이 있다. 그것은 방송이나 프로그램에 대한 것과 말하는 방법에 대한 것이다. 방송이나 프로그램은 앞에서도 말했듯이 나는 프로그램에서 극히 일부에 관계되고 있는 하나의 직업인에 지나지 않는다. 그러므로 내가 그것에 대해 쓰거나 말한다는 것은 턱도 없는 일이다.

말하는 방법도 TV에서 보았듯이 나는 코멘소리를 하는 매우 나쁜 음성을 가지고 있다. 게다가 3~6년 동안이나 해왔는데도 전혀 표준어에 익숙하지 못하고 지금까지도 사투리를 쓰고 있다. 어떤 선생이 가르치더라도 제자인 나로서는 전혀 나아지지 못할 것이 뻔하기 때문이다. 내가 저술한 초기의 책에는 「모든 인사법」, 「여성다운 말하기」, 「말하기 연습」, 「경어에 강해지는 책」 등 그럴듯한 제목을 가진 것들이 있다. 그러나 정작 그 내용은 오히려 하나의 문장론으로 일관하고 있다.

그렇다면 왜 이와 같은 착각이 생기는 것일까?

TV에서 보여지는 허상을 실상으로 착각해서는 안된다.

우리는 비방은 할 수 있지만 비평정신은 거의 갖고 있지 못하다. 즉 사물의 본질을 보지 않고 표면에 나타난 사소한 현상만을 바라보고 그것이 전부인 것처럼 말하는 경향이 있다.

니는 이니운서로서 36년간을 일해 왔으나 이 장사에서 남과 같이 할 수 있을 것 같다고 스스로 생각한 것은 근무한지 20년이 됐을 무렵부터이다. 참으로 그런 생각이 든 것은 25년 정도 여러 가지를 해본 결과이며, 36년 중에서 뒤의 10년이 다소 아나운서다웠다고 느끼고 있다.

그런데 지금 우리들의 상황은 전혀 아무것도 모르는 문외한이 TV에 끌려 나와서 기사라고 하는 남이 쓴 원고를 읽는다. 그렇게 1년 정도 읽게 되면 그 때는 벌써 제대로 된 언론인이라고 불리며 본인도 그렇게 생각해버린다.

얼마 전에도 어떤 마을을 자동차로 통과한 일이 있었는데, 가는 도중 건물 앞에 기상에 대한 강연을 홍보하는 간판이 서 있었다. 그 강사는 여성이었고, 여성이 기상 이야기를 한다는 것은 드문 일이라고 생각되었다. 그래서 아마 이 지역 특유의 기상까지 강연 내용에 섞어서 말하지 않을까 기대를 했다. 나는 일단 들어가 보기로 하고 차에서 내렸다. 안내하는 사람에게 그 강사의 경력을 묻자 그는 도쿄에서 온 TV 기상캐스터라고 하였다. 나는 서둘러 자동차로 돌아왔다. 그가 탤런트나 아나운서였을 것이라고 생각했기 때문이다.

아마 내가 역사나 방송, 혹은 말하는 방법에 대하여 강연을 하는 것도 같은 상황이라고 생각한다. 그런데 일반 사람들은 TV에서 보이는 허상을 실상이라고 믿어버리기 쉽다. 시청자가 그와 같이 착각하는 것은 자유이지만 본인까지도 허상과 실상을 혼동해 버린다는 것은 그야말로 우스꽝스러운 일이 아닐 수 없다. 결국 그런 언론인은 자기 자신은 그 어느 곳에도 존재하지 않는 것이 되어버린다.

자기의 일상학(日常學)의 연장으로써 역사에 흥미를 갖는다.

부끄러움을 무릅쓰고 말한다면 내가 가장 잘하는 분야는 현실 생활 속에서 생기는 여러 가지 현상을 파악하여 인간의 마음이 얼마나 아름다운 존재인가를 찾아내는 것이다. 말하자면 일상학이라고 말할 수 있는 것으로 이제까지 90권 정도의 책을 썼고, 이것에 대해서는 일관된 태도를 지켜왔다고 자부한다.

내가 역사를 볼 때, 일어난 사실보다도 그 순간에 움직인 인간의 마음가짐을 상상한다. 그리고 그것은 현대 우리들의 생활 속에서도 있을 수 있는 일이 아닌가 생각하는 데에 많은 관심을 가지고 있다.

다소 홍보처럼 되어버렸지만, 나는 지금 그것을 3년에 걸쳐 집필중이며 언젠가는 몇 권의 전집이 되어 출간되기를 바라고 있다. 나의 관심사는 생활양식의 하나라고도 생각되는데, 이것은 어디까지나 역사 그 자체가 아니라 역사를 저변에 깔고 있는 일상학적 인간론이다.

나는 역사 그 자체에 흥미가 있으나, 대학에서는 미술사라고 하는 데에 적을 두고 서양미술사를 전공했다. 그러면서 나 자신이 세계영화사나 서양연극사, 그리고 발레사를 연구하였고, 졸업논문으로는 좀 우스운 일이지만 '발레사 및 무용 이론'을 주제로 삼았다.

따라서 역사에 대해서는 잘 모르지만 거기에 깔린 바탕은 있다고 생각한다. 방송에서 이야기할 때에도 다른 이야기는 조금 자신이 없이 말하는데, 역사와 조금이라도 관계되는 부분에서는 편하게 이야기를 하는 것 같다. 앞에서 말한 기상에 대해 강의를 하는 여성도 자신의 분야인 기상예보만은 부드러운 표정으로 이야기할 것이라고 생각된다.

이와 같은 가벼운 기분이 연대를 비교적 원활하게 말하고 있는 것처럼 보이는 것이 아닐까 한다. 그러나 여기에 기억력의 포인트가 있을 것이라는 생각이 드는 것도 사실이다.

역사학자나 연구자가 반드시 연대를 원활하게 말할 필요는 없다. 이 사람들 곁에는 역사책이 산처럼 쌓여있고, 필요하면 언제든지 그것을 꺼내서 확인하면 되는 것이다. 따라서 억지로 외울 필요는 없을 것이다.

게다가 역사는 세세한 전문분야로 나누어져 있어서 고대사를 하는 사람은 대개 고대사만 하게 된다. 이는 마치 오케스트라가 각종 악기로 이루어져 있는 것과 같다.

반대로 나처럼 어설프게 역사를 좋아하는 문외한은 고대부터 현대까지 '사(史)'라는 이름이 붙어있는 책은 무엇이나 읽어버린다. 연대가 없는 시대의 일도, 또 연대가 중복되어 있는 시대의 일에도 모두 흥미를 보인다.

단 한번이라도 좋으니 고대부터 현대까지를 읽어본다.

"연대를 잘 외우려면 어떻게 하면 되는가?"라는 질문은 중학생이나 고등학생들로부터 수없이 보내져 온다. 여기에 대한 나의 대답은 오직 한가지이다.

"한번이라도 좋으니 우리 역사를 고대부터 현대까지 읽어보도록 하라."는 대답뿐이다. 친절한 해설서를 읽어도 좋다.

이 세상에 고생하지 않고 성공하는 방법은 어디에도 없다. 그러나 인간은 고생이나 노력하는 것을 매우 싫어한다. 그래서인지 고생하지 않고 큰 부자가 되는 무슨 비결이 유행하기도 한다.

하지만 연대를 외우는 것도 교양의 하나이므로 교양의 큰 기본 중에 하나인 지식을 축석하려면 어느 정도 노력을 해야 한다. 노력을 하지 않으면 기억력이 작용할 수 없는 것이다.

인간이 이것을 기억하려는 것은 흥미가 있거나, 특정한

목적이 있는 것이다. 그런데 나에게 질문을 해오는 대부분의 사람들은 필요는 하지만 기초도 없고, 흥미도 없다. 그리고 오직 그 자리를 모면할 수 있는 일시적인 대중요법을 바라고 있는 것이다.

어쨌든 초등학생이 읽을 수 있는 책이라도 좋으니 우리 역사를 한번쯤은 통독을 해주기 바란다. 그리고 만약 할 수 있다면 각 시대의 구분 정도는 순서를 달아 외워두는 것이 좋다.

우선 자기 고유의 연대와 역사를 겹쳐본다.

연대는 원호(元號) 숫자이므로 어조(語調)와 수의 조합하는 요령이 있다. 수에 있어서 가장 중요한 것은 앞에서도 말했듯이 자기 고유의 수를 확실히 확인하는 일이다.

나의 경우를 예로 든다면, 서기 1929년 1월 23일생이므로 이것을 연대식으로 고쳐 말하면 1929년 1월 23일 출생이 된다. 그리고 여기에 리듬을 붙여 말하면 된다. 1929년 다음에 한 박자 사이를 두고 다음은 단번에 말해버리는 것이 내가 가장 말하기 쉬운 리듬이다.

- 1935년 4월 1일, 도쿄시 혼쇼쿠, 후다바 초등학교 입학
- 1941년 4월 1일, 제 1 도쿄 시립중학교 입학
- 1945년 4월 1일, 히로마에 고등학교 입학
- 1952년 2월 1일, 일본 방송협회 입사

이것들이 나의 고유의 숫자가 된다. 여기에는 1년간 재수를 한 뒤에 도호쿠(東北) 대학에 입학한 1949년이 빠져있다. 왜냐하면 1941년은 태평양전쟁이 시작된 해이며, 1945년은 종전의 해라고 하는 강렬한 인상을 수반하는 데 비해 1949년은 매우 평범한 느낌으로 기억력이 그다지 작용하지 않기 때문이다. 이렇게 보면 1941년과 1945년이라고 하는 우리의 역사 상 큰 갈림길이 되는 해에 나 자신도 인생의 커다란 갈림길을 체험하고 있다.

내가 생각하는 역사에 대한 흥미라는 것은 현재적(顯在的)으로나 잠재적으로 어딘가 자기 역사와 공통된 부분이 있으면 거기서부터 출발하는 것이 아닌가 한다. 전통 있는 지역의 향토사가 그곳의 노인들에 의해 이야기되고, 여성사를 연구하는 사람들 중에 여성이 많은 것도 어딘가에 일체감을 가지고 있기 때문이 아닌가 생각한다.

비록 역사에 흥미가 없는 사람이라도 역사상의 사건들은 여러 가지 모양으로 조금씩은 알고 있다. 그것을 서로 이어 맞추면 자기 나름의 역사가 만들어지는 것이다.

근대사부터 현대사까지 우선 이 정도로 충분하다.

나 자신이 재미있다고 생각하는 사건을 거슬러 올라가면 다음과 같이 된다. 그 전에 알아두어야 할 것이 있다. 나는 역대 일본 천황의 이름을 모두 외우고 있거나, 모든 연대를 암송하고 있는 것은 아니다. 그것은 그때마다 정확하게 조사하면 된다.

거듭 말하건대 암기와 기억은 비슷한 부분은 있지만 똑같은 것은 아니다. 흥미가 있어서 그것을 알게 되거나 생각해냄으로써 살아가는 것을 즐겁게 해주는 것이 기억이라고 생각한다. 그러므로 연대라고 하면 곧 암기라고 단언해 버려서는 곤란하다는 것이다.

그리고 역사의 흐름을 거슬러 올라가는 가운데에서 보아 가면 된다.

앞에서 말한 전쟁이 끝난 해, 즉 1945년
전쟁이 시작된 해, 즉 1941년
쇼와연대(昭和年代)가 시작된 해, 즉 1926년
관동대지진이 있었던 해, 즉 1923년
러일전쟁이 일어난 해, 즉 1904년
10세기가 시작된 해, 즉 1901년

청일전쟁이 시작된 해, 즉 1894년
페리가 배를 타고 일본에 온 해, 즉 1853년
이 정도만 외우고 있으면 근대사부터 현대사까지는 어느 정도 충분하다고 말할 수 있다.

> **전문용어 역사나 시험을 보기위한 역사에서 손을 뗀다.**

나는 뒷골목에서 자라났기 때문인지 모든 것을 딱딱하고 어렵게 생각하는 것은 매우 서툴다. 오히려 다루기 힘든 문제를 알기 쉽고 일상적인 입장에서 평이하게 파악해가는 것이 내 성격에 맞는 것 같다.

대학시절 연구발표에서도 미학(美學)은 철학이므로 생활과는 관계가 없는 것으로 생각되는 용어를 사용하여 칸트나 헤겔을 인용하여 설명하는 것이 보통이었다. 그런데 나는 채플린이나 그 외에 나에게 친근감을 주는 사람을 예로 들어 신성한 연구실을 웃음바다로 만늘고 살재를 받았던 것이다. 그러면 교수들은 모두 쓴웃음을 짓고 있었다.

내가 대학을 졸업하고 15년이 지난 무렵에 오랜만에 만난 교수로부터 "언제나 자네의 발표를 듣고 있으면 이런 학생

이야말로 대학에 남아주었으면 했다."라는 말을 들을 수 있었다.

역사도 마찬가지이다. 역사를 복잡하게 이해하여 피가 통하지 않는 인간들만이 우글거리고 있는 듯이 이해하게 되면, 역사는 무미건조한 것이 되어버린다. 학교에서 역사를 가르치는 방법도 잘못되었다고 생각한다. 학교에서는 재미있어야 할 역사를 일부러 재미없고 따분하게 가르치고 있는 것 같다.

시험문제를 보아도 그 답을 쓰기 위해서는 아무래도 사실이나 연대를 암기하지 않고는 불가능하다고 말한다. 역사는 보는 사람이나 시대에 따라 평가가 전혀 달라지게 되는 것이다.

우리와 같이 정치 위주의 역사만을 배우고 있으면 아무래도 새로운 정권은 이전 정권의 비판하게 되고 자기의 권력을 과시하려 든다. 이를테면 메이지 정부(明治政府)에 있어서 도쿠가와 막부(德川幕府)는 적이었으므로 그 견해에 끌려가고 있었던 것이다. 전쟁 전의 황국사관(皇國史觀)도 하나의 전형으로 어떻게 하면 천황을 신성시할 수 있을까에 대해서만 열중했던 것이다.

> **우선 흥미 본위로 외우고
> 그 뒤에 연대표로 확인한다.**

　역사는 외우기 어렵지만 그것을 이야기로 풀면 쉽게 귀에 들어온다. 나도 우리 역사의 극히 표면적인 줄거리를 초등학교 5학년 때부터 읽었던 역사 이야기 전집에서 배웠으며, 옛날 사람들의 생활이나 인정은 야담 전집을 읽고 알게 되었다.

　역사 이야기나 옛 야담 속에는 사람이 살고 있다. 역사는 인간이 만들어 온 것이다. 그 속에서도 자기에게 공감을 불러일으키거나 재미있다고 생각되는 사항이 있을 것이다. 역사를 읽다보면 그 범위가 조금씩 넓어져 가는 것을 자기 스스로도 알 수 있다. 다만 나는 본격적으로 역사에 흥미를 갖게 되고부터 소설은 읽지 않았다. 어느 것이 사실인지, 어디까지가 허구인지를 알 수 없게 되고 선입견이 되면 정확한 사실조차도 파악하기가 어려워지기 때문이다. 그래서 좀 어렵더라도 제대로 된 역사를 우선 천천히 읽는 것부터 시작했다.

　이렇게 해서 요점만 자기 나름대로 재미있게 파악해두면 연대는 잠깐 보기만 해도 인상에 남게 된다. 다만 그것을 말하거나 쓸 때에는 사전에서 다시 한 번 연대표 등을 확인해

두면 된다.

이를테면 나도 메이지유신(明治維新)이 1868년이라는 것은 마치 내가 태어난 해인 것처럼 말할 수 있다. 그래도 이것을 말하거나 쓸 필요가 있을 때에는 입 안에서 뱅뱅 돌 뿐이므로 기억하고 있는지 여부를 확인하기 위해 연대표를 다시 한 번 보곤 한다.

인간은 자칫하면 자기 전화번호조차도 잊어버리는 수가 있다. 하물며 역사의 연대 등을 갑자기 말하라고 한다면, 나라도 불안해서 자신있게 말할 수가 없다. 그러나 다시 한 번 확인하기 위해 짧은 시간을 갖는다면 그 다음은 그로부터 몇 시간 후, 몇 주일 후라도 거뜬히 외울 수가 있는 것이다.

고대사(古代史)에 대한 나 나름의 외우는 법은 바로 이것이다.

내가 흔히 받는 질문은 한 번 머릿속에 들어가면 언제까지나 잊지 않는가라는 것이다. 그런데 나는 여기에 대해서는 아무런 대답을 할 수가 없다. 역사 연대를 기억했다고는 하지만 그 다음에 그 기억을 불러일으킬 필요가 언제 생길지는 알 수 없기 때문이다.

다만 적어도 1945년 이전의 사건들이 씌어져 있는 책을 읽으면 '아, 이것은 언제쯤에 생긴 일로 그 배경에는 대개 이러한 사회정세가 있었구나.' 하는 대략적인 생각이 희미하게나마 떠오른 연대로부터 인용되는 수가 있다. 그것은 훨씬 더 위로 거슬러 올라가서 고대사부터이다.

고대사의 목표가 되는 것은 다음과 같다.

고대사에 있어서 여왕이었던 히미꼬(卑彌乎)가 죽은 것은 서기 248년경이다. 이것은 짝수만 배열되어 있으며 게다가 240년부터 248년경이라고 하는 것은 매우 애매하므로 그와 같이 정확하지 않은 것이 오히려 도움이 된다.

이것을 알고 있으면 약 150년 후에 전설이나 신화가 아니라 실제하는 최초의 천황이라고 추정되는 오진천황이 나타나 백제나 신라 같은 조선 반도에 있는 나라들을 공격한 것이 391년으로 이어진다. 150이라는 숫자는 외우기 쉬운 숫자이다.

내가 1952년에 방송국에 입사하여 처음으로 부임한 곳은 구마모토 방송국이었다. 구마모토에 있는 에다후네야마(江田丹山) 고분에서 스이지대왕이 8월에 만들었다고 하는 기명이 있는 칼이 출토되었다. 이는 백성들의 굴뚝에서 연기가 나는 것을 보고 기뻐했다고 하는 그 유명한 닌도쿠(仁德)천황과 한세이(又正)천황의 경계에 해당하며 서기 438년의 일이다. 스이치대왕이란 한세이천황을 말한다.

그리고 오사카 사카이시에 있으며 피라미드나 중국의 진시황릉과 함께 거대한 분묘로 알려져 있는 닌토쿠천황릉과 함께 관련지어 이 시대의 전후가 이른바 고분시대였다고 추정한다.

최근에는 그에 대한 정부(正否)도 이론이 있는 모양이나 백제의 성명왕(聖明王)이 불상이나 경륜을 일본에 가져온 것이 서기 538년이다. 이른바 불교가 전래된 해이다.

왜 이것을 알아둘 필요가 있는가하면, 우리 지방에는 예부터 천태종(天台宗)의 세이쇼인(西藏院)이라는 절이 있다. 그리고 나의 조모가 이 천태종 출신이다. 이렇게 해서 집안에 불교 관계자가 직접 있었다는 것과 또 한 가지 일본인들의 정신 기초를 쌓은 것은 불교와 중국문화이므로 그 원천쯤은 외워둘 필요가 있기 때문이다.

이것을 알면 그 다음에는 쇼도쿠태자(聖德太子)의 시대라는 것도 연상할 수 있으며, 또 일본의 정신사를 이루는 데 있어서 빼놓을 수 없는 조건인 이른바 헌법 제 10조도 연상지어 생각할 수 있다. 이때가 스이꼬(推石)천황시대인 서기 604년이었던 것이다.

태자는 조선으로부터의 도래인이었던 소과씨(蘇我氏)와 깊은 관계가 있다. 그 소과씨를 나카노오에노 황자(中大兄

皇子)와 나카토미노 가마타리가 공략한 이른바 대화개신(大化改新)이 서기 645년 6월 12일이다.

이것으로 고대는 대충 끝내고 다음에는 나누기가 좋은 것을 골라 서기 701년에 일본의 대보율령, 즉 헌법이 수정되었다는 것을 첨가해두면 충분하다.

쓸데없는 지식에 얽매여 단순한 지식을 잊고 있다.

그렇게 보면 우리들 지식의 가장 근원에 있는 지식은 기껏해야 초등학교 4~5학년 정도가 된다. 중학교 2학년의 영어를 할 수 있다면 영어회화는 불편이 없을 것이며, 5세 때에 하던 말을 할 수 있다면 일상생활은 그대로 유지할 수 있지 않을까 생각한다.

어른이 되면 별로 통하지도 않는 지식에 얽매이거나 요즘에만 통용되는 정보를 진짜 지식인 것처럼 착각하기 쉽다. 정보가 큰 가치를 갖고 정보화 사회가 형성되어 삶에 따라 학생들의 오자(誤字)도 많아지고 있다. 그러니 도대체 지금의 학교는 무엇을 가르치고 있는가 하는 비판이 일고 있는 현상은 무엇을 의미하는 것일까?

기껏해야 초등학교 4~5학년 정도의 지식이 있으면…

고등학교 시절에 그토록 고생하여 시험공부를 해왔는데 들어간 대학은 삼류나 사류이다. 그 자리를 무마하기 위한 지식은 기억에는 조금도 이어지지 않을 뿐 아니라 교양에도 도움이 되지 않는다는 것을 알 수 있다.

나는 기회가 있을 때마다 현재의 6·3·3·4 학제를 폐지하고 유아교육을 충실하게 하여, 취학연령을 1년 끌어올려 6·4·3·3제로 하기를 주장한다. 그렇게 하여 고등학교 졸업시기를 20세로 하고 대학생에게 사회적 책임을 부여하자고 부르짖고 있다. 왜냐하면 지금의 중학교에서 공부를 할 수 있는 것은 기껏해야 1년 남짓이고, 그 외에는 모두 시험에 쫓기며 평생의 정신적 기초가 될 것은 아무것도 몸에 익히지 못하고 있기 때문이다.

　인류의 유산이라고 말해지는 문학을 읽을 수 있는 것은 마음이 순수한 10대 청소년기뿐이다. 20대 이후가 되면 특별히 문학적 재능이 있는 사람을 제외하고는 자기의 경험이나 비판이 앞서 문학을 진솔하게 받아들이지 못하게 된다.

　음악도, 스포츠도, 과학적 능력에 있어서도 확실한 꽃봉오리가 맺게 되는 것은 10대인 청소년기이다. 이때 배운 것은 감동을 불러일으키는 기억의 시초가 된다. 다소 무리한 논법이기는 하지만 기억력을 강화시키기 위해서는 초등학교부터 중학교까지 배운 기억을 확실히 고정시킬 필요가 있다.

　역사 연대의 암기법을 가르쳐달라고 말하기 전에 초등학생, 중학생 정도의 수준에서 우리 역사를 쉽게 풀어 쓴 책을 다시 한 번 읽는 것은 무엇보다도 중요하다. 그 속에서 당신 자신의 인상에 남는 사항이 열 가지, 그리고 스무 가지라도 끌어내어 그것을 목표로 하면 된다. 현명한 당신이라면 조금만 노력해도 될 것이다.

　그리고 외국어를 습득하는 데 있어서 단어 하나부터 시작하는 것은 바람직하지 못하다. 우선 몰라도 좋으니 회화를 듣거나, 발음에 신경을 쓰지 말고 문장을 큰 소리로 읽어보는 것이 좋다. 우리들에게 갑자기 문법을 가르치고 있는 요즘의 학교 교육은 그야말로 백해무익이라고 할 수밖에 없다. 역사도 그와 마찬가지이다.

제7장

시를 쓰는 **마음**이 읽은 것을 **기억**하게 된다.

원고를 읽지 않는 아나운서

　나는 종종 "한 번 읽었으면 모두 머릿속에 넣어 버립니까?"라는 질문을 흔히 듣게 된다. 물론 이에 대해 아니라고 대답할 수밖에 없다. 사실이 그렇기 때문이다. 가끔은 스태프들까지도 언제 외웠느냐고 질문을 한다. 오랫동안 함께 일하고 있는데도 말이다.

　"그는 우리들이 쓴 원고를 읽지 않고 있어."라고 뉴스를 취재하는 기자들로부터 일제히 공격을 받은 것은 1964년의 일이었다. 당시 나는 보도국 겸무 아나운서로 그 해 4월부터 TV 뉴스를 담당하고 있었는데, 처음에는 뭐가 먼지 도무지 알 수가 없었다.

　요즘은 뉴스의 원고가 아나운서나 PD들의 눈앞에서 영상으로 비추는 장치가 놓여 있다. 그래서 그것을 보면서 읽게 되면 흡사 뉴스의 전부를 알고 있는 것처럼 화면에 비추게 되어있는데 당시에는 그런 기계가 없었던 것이다. 그래서 화면에 나타나는 문자가 지금은 전자장치로 타자되는데 그때는 한 자씩 펜으로 써야 했다.

　이와 같이 눈앞에 원고가 비치는 장치가 고안되고 실용화 되었을 때, 근무처인 방송국의 기술을 담당하는 방에 붙여진 포스터를 보고 나는 쓴웃음을 짓고 말았다.

"당신도 깜짝 놀라는군요. 뉴스가 모두 기억되는 기계가 출현한 것을 보고 말이오!"

왜 나의 동료들은 내가 원고를 읽지 않는 것이라고 착각을 하게 되었을까? 함께 일하는 동료들까지 이러했으므로 시청자는 한층 더 기이하게 느꼈을 것이 틀림없다. 이미 고인이 된 어떤 작가를 방송국 복도에서 우연히 만난 적이 있다. 그 때에도 어떻게 하면 그렇게 잠깐 동안 메모한 것을 보기만 해도 30분 가까운 뉴스를 막힘없이 말할 수 있는가라는 질문을 받고 나는 "아닙니다. 나는 충실하게 원고를 읽고 있는 셈인데요."라고 대답을 했었다.

아무리 바빠도 현장에 나가 기억을 깊게 한다.

지금은 아나운서도, PD도 직접 현장을 자기 스스로 취재하지는 않고, 모아신 원고를 읽는 것이 중심적인 일이 되고 있다. 그러나 그때의 내 경우는 아침 일찍 일어나 어제에 이어 오늘도 계속해서 뉴스가 될 것이라고 생각되는 현장에는 찾아갔다. 그곳에서 필요한 자료에 대한 설명은 당사자를 직접 만나서 들은 뒤, 11시 20분에 출근하여 그로부터 정오 뉴스를 담당했다. 그것이 끝나면 오후에도 이와 똑같이 하고 7시와 9시 뉴스를 담당했던 것이다.

그 첫째 이유는 20년이 지난 오늘까지도 이것이 아니었던가 생각한다.

비록 단편적이라 하더라도 거기에 대한 기초지식이 있었다는 점이다. 현장이나 사실을 체험해 두는 것이 얼마나 기억을 깊게 하는 가는 당신 자신도 잘 알 것이다. 처음으로 유럽에 갔을 때 소년시절 읽었던 유럽의 문학 속에 종종 나오는 "숲으로 가자"라는 말의 뜻을 알 수 있었다. 유럽의 아름다운 거리나 마을을 둘러싸는 그 숲을 보고 마치 어떤 영감에 젖은 듯이 순간적으로 이해할 수 있었던 것이다. 과거 청춘 때에 읽었던 작품이 한꺼번에 머릿속에 되살아났던 것이다.

기껏 길어야 1분 30초나, 2분도 못되는 뉴스의 원고 등은 현장을 알고 있거나 기초적인 지식이 조금이라도 있다면 한 번만 대충 읽어도 대강 머릿속에 들어오게 된다. 비단 그것은 나만의 일은 아니라고 생각한다.

이제까지 방송국 내부에서 그 문제에 대해 화제가 되었던 것 같다. 예전에 원고를 스튜디오로 가지고 가는 것이 미처 시간이 맞지 않아 원고 없이 진행을 해버린 일이 두 번 있었다. 현재의 설비나 인원으로 보면 상상도 못할 일이지만 당시는 아직 TV에서 흑백의 화면을 내보내는 유치한 시대였던 것이다.

> **나의 주머니에서 낸 취재비가
> 결국 정확한 기억으로 이어진다.**

 만약 두 번째 이유를 들라면 나는 취재비에 대한 것을 말할 것이다. 이렇게 해서 취재 장소를 가기 위해서는 자동차를 사용해야 하고, 설명을 해주는 사람에게는 다소나마 사례를 해야 한다. 나는 이것은 방송 프로그램에 직결되는 취재가 아니라 내가 하나의 직업인으로서 일을 하기 위한 개인의 작업으로 생각했기 때문에 이러한 택시비를 비롯하여 모든 비용을 모두 내 돈으로 지불했었다.
 나는 샐러리맨을 위한 저서에는 일을 위해서 자기의 돈을 쓰라고 말하는데, 그것은 이러한 사실을 가르치고 있는 것이다. 젊었을 때에는 책값도 포함하여 이 비용 때문에 항상 가난한 생활을 하지 않으면 안되었으나, 나는 그 때에도 이러한 생각은 확고했다. 그리고 이러한 태도는 내가 정년이 될 때까지 계속된 것이다.

과연 이런 일이 기억에 도움이 될까 생각할지도 모른다. 하지만 시사회에 무료로 초대되어 관람한 영화와 직접 입장료를 내고 관람한 영화 중 후자 쪽이 훨씬 감동이 있을 것이다. 인간이란 기묘한 존재로 어떤 일을 하면서 겸사겸사 하게 되는 일에서는 새로운 자신을 발견하기가 쉽지 않다. 스스로 한가지 일에 대해 저것을 해야겠다고 독실하게 생각하는 편이 무의식중에도 집중력이 생기게 되고, 그것이 인상의 정도를 강하게 하는 것 같다.

나는 지금 일이나 돈에 관련시켜 문장을 읽는 힘, 즉 독문술에 대해 쓰고 있다. 그러나 이러한 현실적 배경이 없더라도 읽고 싶었던 책이나, 읽는 동안에 자신에게 감동이 있었던 책을 만났을 때에는 정신적으로 그러한 힘이 솟아나게 되는 것이 아닌가 한다.

스스로의 노력으로 감동을 바라는 마음이 무엇보다도 중요하다.

나는 매우 바쁘기 때문에 1주일에 30시간 정도밖에 독서시간이 없다. 그런데 내 곁에는 샐러리맨을 위한다든가, 여성을 위한다든가, 고교생을 위한다고 하여 책을 추천해달라는 의뢰가 1주일에 한 번은 들어온다. 그러나 나는 이에 대해 대답한 적이 없다.

내가 감동했다고 해서 남도 감동한다고는 말할 수 없으며 감동을 억지로 강요하고 싶지 않기 때문이다. 왜냐하면 '좋은 책이란, 지금의 자신에게 꼭 맞는 책이며, 그것은 마치 연인을 만난 것과 같은 것'이기 때문이다. 누군가에게 추천된 책을 읽는다는 것은 마치 맞선을 보는 것과 같다.

이제까지 나의 실패뿐인 인생 속에서 오직 한 가지 성공한 것이 있다. 그것은 내가 고등학교에 다닐 때에는 전시였기 때문에 매우 어려운 시대였으나 여기에서 빛나는 청춘을 보낼 수 있었다는 점이다.

학교 그 자체는 고교 중에서도,

"흘러 흘러 떠밀려 가는 곳은 북쪽은 히로마에, 남쪽은 ○○"이라고 불릴 정도의 학교였다. 게다가 조상 대대로 서울에서 살아온 나로서는 완전한 낙향(落鄕)이었으며 돌이켜보면 즐거운 추억보다도 괴로웠던 경험이 많았다. 그런데도 나에게 있어서는 아마 인생 최고의 시간을 보낼 수 있었던 것이다. 나에게는 그야말로 훌륭한 민남이었고, 그 시절의 모든 것들은 선명한 기억이 되어 남아있는 것이다.

책도 이와 마찬가지이다. 지식도 그럴지 모른다. 훨씬 이전에 한 책을 쓴 뒤로 어떤 운전사로부터 '태어나서 비로소

한 권의 책을 처음부터 끝까지 읽었다. 대단히 고맙다.'는 편지를 받고 나서 책의 내용은 별 것이 없었지만, 이 사람을 위해 참 잘 되었다고 생각하며 눈물을 흘린 경험이 있다. 책을 읽는다는 것은 이런 좋은 점이 있는 것이다.

당신이 이 책에서 단지 기억력이 좋아지는 방법을 기대하고 있다면, 어쩌면 상당히 실망하게 될지도 모른다는 생각이 든다. 그러나 치매기가 있는 노인이 바로 지금 끝낸 식사를 아직도 먹지 않았다고 고집을 부리는 것을 보거나, 보통 사람도 중년이 지나면서 저것과 이것을 반복하며 말이 입안에서 맴도는 경향이 심해지는 것을 보고 있으면 우리들 나날의 생활도 기억이나 학습, 그리고 반사 작용 등의 연쇄가 아닌가 하는 생각이 든다.

그 중에서도 특별히 생각이 나서 다행이었다든가, 기억하고 있어서 즐거웠다는 정도의 느낌은 역시 그 저변에 인간이 갖는 일종의 정념과 같은 것이 존재하지 않으면 안된다고 생각하고 있다.

책장 가득히 꽂혀있는 자료 중에서
한 권의 1급 자료를 찾아낸 기쁨

나는 직업 상 산처럼 쌓여있는 자료를 읽지 않으면 안되는데, 일을 위한 자료를 읽을 때에도 그렇다. 가장 큰 기쁨은 지금 내가 알고자 하는 사항이 가장 자세하고 알기 쉽게 쓰여 있거나, 사실을 상당히 정확하게 알려주는 자료를 만났을 때이다. 이러한 것이 나에게는 1급 자료라고 할 수 있다.

그리고 이러한 1급 자료는 전화번호부와 같이 두꺼운 책일 경우도 있고, 오직 1장의 소책자일 때도 있다. 나는 이러한 자료는 처음부터 끝까지 정독을 하도록 하고 있다.

나는 간혹 그렇게 조사하면서 뭔가 속독술을 가지고 있을 것이라는 질문을 받게 된다. 하지만 나처럼 어리석은 사람에게 갑자기 속독을 하는 것은, 사실을 오인해 버릴 위험이 생기기 일쑤이기 때문에 늘 정독을 하려고 한다.

이를테면 앞에서 역사에 대해서 쓴 히미꼬에 대한 1급 자료는 「위지왜인전(魏志倭人傳)」밖에 없다고 말해도 좋으며, 논쟁을 불러일으키고 있는 야바다이(耶馬台)니라가 어디에 있었던가의 문제를 알려 할 때에는 우선 외인전을 정독하지 않으면 안된다.

사실 나는 내가 만든 「역사로의 초대」라는 프로그램에

서 야바다이나라를 다루었을 때에는 여러 선생들이 쓴 책을 책장 가득히 모았고, 그것이 천장까지 쌓이게 됐었다. 나는 그 책들을 여름 한 계절에 걸쳐 읽었다. 30분씩 두 번, 모두 1시간의 프로그램 중에서 내가 말하는 것은 불과 3분밖에 되지 않았으나, 그 해 여름에는 다른 책을 1권도 읽을 수 없었다.

그러나 여러 선생들에게는 다소 실례가 될지 모르나 외인전을 1급으로 본다면, 다른 야바다이나라에 대한 책은 모두 1급이나 그 이하의 자료가 된다. 왜냐하면 나에게 야바다이나라에 대한 책은 외인전에서 출발해 있었기 때문이다. 물론 여러 선생들이 쓴 저서는 모두 오랜 연구의 결과를 말한 훌륭한 책이었지만, 조사하는 나로서는 그렇게 볼 수밖에 없었다.

다들 알다시피 「위지왜인전」속에서도 히미꼬나 야바다이나라에 관한 문자는 2천여 자 밖에 되지 않는다. 그리고 이 문자의 수에 대해서도 각각 견해가 다르다. 이는 도중에 나라 이름을 부르는 방법에 있어서 여러 선생들이 각기 다른 견해를 가지고 있기 때문이다. 그러나 방송에서는 한쪽 입장만을 취하는 것은 피해야 하므로 타당한 선을 찾을 때까지는 자료를 계속 읽어야 했다.

한 가지 사항에 대하여 A의 자료를 읽고 의문을 풀기 위해 B의 자료를 읽는다. 그리고 거기서 생겨난 새로운 사실을 확인하는 데에 C의 자료를 사용할 수 있다. 이와 같이 앞으로 나아감에 따라 속독을 해도 괜찮다는 조건이 갖추어진다. 더 많은 자료를 읽게 되면 그야말로 다섯 페이지마다 처음부터 끝까지 읽을 것이 아니라 페이지의 오른쪽 위에서 아래쪽 구석에 걸쳐 대강 엇비슷하게 읽어가도 그 내용은 이해할 수 있게 된다.

그러나 소설과 같은 것은 분명히 한 권이 1급 자료이므로 소설을 속독하는 것은 읽은 것이 되지 않는다. 그리고 행간의 뜻을 파악할만한 여유가 없다면, 이는 오직 그 소설의 줄거리만 찾고 있을 뿐이다. 그렇게 되면 모든 작품을 똑같은 가치로밖에 느끼지 못한다. 나는 오직 한 권밖에 없는 책이나 1급 자료에는 속독술이 불필요하다고 단언한다.

> **독서술이란 자기의 마음이 움직이는 곳을
> 스스로 아는 일이다.**

 기억에 남는가, 남지 않는가의 차이는 관심을 갖기에 따라 달라진다고 할 수 있다. 이를테면 "오늘 오후 6시 명동에서 화재가 있었다."라는 문장을 오후 7시 TV 뉴스에 내보냈다고 하자.

 그러면 듣는 사람의 반응은 여러 가지일 것이다. 여기에 생각나는 대로 적어본다면 대략 이런 반응들일 것이다.

 "뭐, 명동에서, 불이?"
 "뭐, 불, 명동에서?"
 "뭐, 6시에? 그럼 조금 전이 아닌가!"
 "6시에? 아직 타고 있을까?"
 "명동 어느 쪽일까?"
 "거기엔 사람들도 많이 모였겠군."
 "어느 가게일까?"
 "몇 가쯤일까?"
 "가게는 엉망이 되었겠군!"
 "얼마나 탔을까?"

 이 외에도 더 많은 반응들이 있을 것이다. 하지만 이러한 반응 중에서 사람들이 무엇을 알고자 하는가를 슬기롭게 파악해내는 것이 전하는 사람의 능력이 되는 것이다.

"6시에 명동의 화재"의 뉴스에 대한 반응은 사람마다 다르다.

그 목표로 이 뉴스를 방금 들은 사람이 만약 다른 사람에게 이야기를 전한다고 하면 도대체 무엇을 강조하겠는가라는 직감을 발동시키는 일이다. 명동인가, 화재인가, 또는 6시인가, 어느 가게인가 등, 시간이나 화재의 크기, 화재의 원인, 불탄 가게 중에 특히 유명한 가게는 없었는가 하는 점 등 명동에 대한 자기 자신의 경험이나 견해를 바탕으로 하여 자기가 파악한 인상을 말하게 될 것이다. 이것이 1급 자료에 있어서도, 또 그 외의 자료에 있어서도 가장 중요한 독서 기술이 되는 것이다. 즉 자기의 마음이 움직이는 대목을 스스로 아는 일이 중요하다.

나 자신을 예로 들어 미안하지만, 나는 지금 이 책을 될 수 있는 대로 쉬운 문장으로 쓰려고 한다. 그래도 당신은 내가 기억의 근저에 인간의 정신과 같은 것이 존재한다고 하는 생각을 계속 강조하고 있음을 희미하게나마 이해할 수 있으리라 생각한다.

또는 나만의 판단인지도 모르지만, 적어도 나는 지엽말절의 암기술 보다는 우선 줄거리로 외워가는 노력을 하기를 권한다. 그리고 부득이할 경우 보조적 수단으로서 어조나 수, 그리고 연대를 기억하는 나 나름의 방법에 대해 쓰고 있다는 것을 알아주기 바란다. 내가 왜 정신의 우위를 이 책뿐만 아니라 이제까지 써온 90권을 넘는 저서 속에서 반복하며, 흡사 독백처럼 중얼거리고 있는가는 어쩌면 그것이 하나의 기억으로 이어지기 때문인지도 모르겠다.

기억에는 자신 속에 줄기가 되는 심(芯)이 있다.

전쟁 중의 어두운 시대에 나는 중학생이 되었다. 앞으로 몇 년 있으면 전쟁에 끌려가야 하고, 적이 쏜 총알에 맞아

말없이 숨을 거두게 될 지도 모른다는 공포와 두려움이 날로 더해가고 있었다.

그러던 어느 날 중학교 3학년이었던 것으로 기억한다. 나는 고서점에서 아무 생각 없이 손에 잡힌 하나의 필집 「조용한 땅 보리밭」이라는 책을 사게 되었다. 그 책에 쓰여 있는 매우 맑은 인생이나 자연관조(自然觀照)의 문체에 이끌리게 된 것이다.

그리고 그 중의 한 부분 '젊은 날을 찬미하자' 라는 제목이 붙은 문장의 처음 두 줄이 내 마음의 자세를 오늘날까지 결정짓게 해 주었던 것이다.

"젊다는 것은 그만큼 아름답다. 한 인간의 넋을 붙잡는 것은 별세계의 모든 것을 자기 수중에 담는 것보다도 훨씬 존귀하고 어려운 일이다."

내가 이제까지 읽은 책 중에서 온전한 문장으로 기억하고 있는 것은 오직 이것뿐이다. 이제까지 나는 이 말을 얼마나 많이 인용했는지 모른다.

나는 항상 나 스스로 생각하는 것을 주로 서술하기 때문에 다른 사람의 말이나 글을 인용하는 것을 매우 싫어한다. 언젠가 어느 책에서는 예전에 받은 편지 속의 말을 인용하고자 했었다. 불과 2줄이었지만 편지를 쓴 사람에게 그 말을 인용하겠다는 뜻을 전했다. 그러나 그가 외국에 나가 있었기 때문에 2년이나 지난 뒤 겨우 허가를 얻을 수 있었다. 그때는 이미 300매의 원고를 다 쓴 뒤였고, 따라서 그 책의 발간은 2년이나 늦어지게 되었다. 그러나 나의 청춘기에 만난 이 말은 나 자신을 말하는 데에 있어서 빼놓을 수 없으므로 종종 인용하게 된다.

왜 이것이 기억에 남아 있는가 하면 인간의 넋이란 무엇일까라고 느낀 그 당시의 순수한 마음이 지금도 이어지고 있기 때문이다. 인간의 마음가짐에 관한 문장이 담겨진 책은 아무리 속독에 가까운 속도로 읽고 있어도, 자꾸만 그 당시의 순수함이 머릿속에 들어오는 것을 느낀다. 아마 중학생, 고등학생 무렵에 이공계의 학문에 흥미가 있었던 사람은 그 후 몇 살이 되어도 이과 계통의 책이라면 읽는 족족 기억 속에 들어가 버릴 것이 틀림없다.

나는 수학사에 관심을 가졌으나 그것은 30대 후반부터였다. 오히려 중학교 때에는 수학이라면 딱 질색이었으므로 지금 읽고 있는 예술이나 종교, 역사, 수학 중에서 역시 수학사에 대한 독서 속도가 극단적으로 늦다. 그리고 몇 번이고 앞쪽을 뒤적이지 않으면 이해할 수 없다. 따라서 나 자신도 수학사에 대한 책을 읽을 때면 초조해질 때가 많다.

즉 기억에는 어딘가에 줄기가 되는 정신적인 심이 있어서 나중에 들어온 지식이나 경험은 그 가지나 잎이 되고 어쩌면 꽃이 되어 피게 되는 것인지도 모른다.

> **하나의 데이터로부터 조사할 것이 속출하여 어느새 외우고 있었다.**

　요즘은 데이터의 시대이므로 샐러리맨들은 어떤 직업이나 주위에 있는 사람이라도 숫자가 가득 채워진 데이터를 읽지 않으면 안된다. 그러나 무미건조한 숫자와 숫자 사이에서 여러 가지 문제를 찾아내는 능력이 지금 하나의 붐을 이루고 있다.

　인구 10만 명 당 영화관의 수 문제에서 다음과 같이 숫자가 배열되었을 때 당신은 직감적으로 무엇을 읽으려 하는가?

　가. ① 전라남도 2.69
　　② 전라북도 2.64
　　③ 경상남도 2.54
　　④ 경상북도 2.47
　　⑤ 충청북도 2.46
　　⑥ 서울 2.07
　　⑦ 전국평균 1.77

　그리고 적은 쪽은 제주도의 0.78과 천안의 0.84, 그리고 이리의 0.95라고 하자. 여기서 어느 지역에는 영화관의 수가 많고 어느 지역은 적은 데 이것은 무엇을 의미하는가?

나. ○○지역이 적은 것은 인구가 급증한 곳이라는 이유를 붙인다 하더라도, 왜 또 다른 지역은 인구가 급증하지 않았는데도 그와 같은 영화관 수를 갖게 되는가? 그러나 이것을 자세히 조사해보면 역시 인구가 어느 정도 증가하고 있다는 것을 알 수 있다.

다. 서울이 표준치를 초과하고 있는 것은 어떻게 설명해야 하는가?

이와 같은 의문을 끌어내보면 이번에는 이것을 조사하기 위해 각 도마다 문화 정도나 인구 급증의 실태, 영화와 다른 문화의 관련 등 조사할 것은 속속 불어나게 된다.

나는 실제로 프로그램에서 거의 사용하지 않는다는 것을 알면서도 가능한 한 이러한 사항에 대한 자료를 모아 조사하고 있다. 어쩌면 옛날 학창시절, 혼자서 영화사를 연구하던 것이 하나의 잠재의식으로 자리 잡은 것이 아닐까 한다. 그래서 지금까지 영화와 문화, 마음의 자세의 상관관계에 흥미를 가지게 되고, 거기서부터 나 나름의 대답을 끌어내며 만족하고 있는 것이 아닌가 한다.

숫자를 외우려고 눈을 껌벅이는 일도 없이 자료를 읽는 동안에 숫자도 저절로 머릿속에 들어오는 것인가라고 묻는 질문에 내가 극히 애매한 대답을 할 수밖에 없었던 것은 이러한 배경이 하나의 원인이 된 것 같다.

현장에 임하여 얼마나 많은 지혜를 어떻게 빨리 모으는가?

한 가지 일에 뛰어난 사람은 모든 일에 뛰어나다고 하지만 나는 매우 좁은 범위의 관심에만 얽매여 살고 있다. 그런데 세상에는 직업적으로 크게 성공하는 한편, 취미의 영역에서도 전문가 못지않게 깊은 조예를 가지고 있는 사람도 있다. 이러한 사람은 한 가지 것에 대한 기억의 속도가 빠르고, 보통 사람이 10시간 걸릴 것을 5시간에 외워버리며, 나머지 5시간은 다른 일에 관심을 갖는다. 물론 거기서도 또 외우는 속도는 남들보다 빠르게 된다.

공부도, 일도, 취미도 인간이 하는 일은 모두 순서를 밟아 가면서 기억하고 그것을 빨리 숙지하지 않으면 다음으로 진행할 수 없는 메커니즘으로 되어 있다. 그 속도는 몇 분의 일 초일 경우도 있고 몇 시간, 며칠, 몇 달, 몇 년이 되는 수도 있다. 그 시간이 짧으면 짧을수록 사람은 머리가 좋은 사람이라든가 기억력이 뛰어난 사람이라고 불리게 된다.

물론 기억력은 인간의 뇌의 무한한 작용 중 하나인데, 일상생활에 없어서는 안 될 작용이다. 지금 우리들에게 창조력이 요구되고 있는데 우리들의 하루하루의 생활은 평범한 일을 반복하고 있다. 즉 어제 이전에 학습된 기억을 행하는 경우가 많은 것이다.

그렇다고 할 때 하나의 기억과 다른 한 가지 이상의 기억을 조합하면 거기에서 생기는 상상력에 의하여 자기 나름의 새로운 창조가 생길지도 모른다. 그리고 그것이 재빨리 행해지면 행해질수록 자신의 두뇌적, 정신적 재산은 더 쌓이게 된다.

샐러리맨의 생활에서 가장 중요한 것은 현장에 임하여 많은 지혜를 어떻게 하면 빨리 모으는가에 달려 있다. 사원들이 모두 같은 숫자를 같은 속도로밖에 읽지 못한다면 다른 회사를 초월한다는 것은 절대 불가능하다.

나는 전쟁 중에 처형된 국제 스파이 리하르트 조르게를 주목해야 할 인간의 한 사람으로 삼고 있다. 그는 은자 같은 일을 한 것이 아니라 우선 1년을 걸려서 다른 나라 사람들이 번역한 서적을 연구하고, 신문이나 잡지의 기사를 충분히 읽었다. 그렇게 함으로써 정보의 본질이 무엇에 있는가를 탐색했다. 그 결과의 하나로 그가 크레믈린에 타전한 독일군에 의한 소비에트 침공 예상일은 실제로 그것이 행해진

날과 불과 하루밖에 틀리지 않았다고 한다.

그가 기사를 살펴보고 있을 때의 모습을 상상해보도록 하자. 그는 하나의 기사 내용을 충분히 기억하고 있었기에, 다양한 신문과 잡지를 읽은 다음 각각의 관심있는 기사와 연관을 시킬 수 있었던 것이다.

아무튼 그 자리에서 일단 반복하여 외워야 할 것은 외워버린다.

나는 책이나 자료를 읽을 때에, 읽으면서 '아니 이건 매우 재미있는 표현이다' 라든가 '왜 이 숫자만이 왜 이렇게 클까?' 라고 느낀 대목은 다시 한 번 읽고 있다. 그러나 선을 긋거나 표시를 하지는 않는다. 그렇게 하면 나 스스로 외웠다고 생각을 하게 되기 때문이다. 쪽지를 끼워놓지도 않는다. 나는 책을 더럽히는 것을 몹시 싫어하기 때문이다. 이는 어렸을 때 신문을 구기면 문자를 소중히 하라고 심한 꾸지람을 받았기 때문인지도 모르겠다.

읽고 난 다음에 잠깐 한숨 돌리려거나, 열차나 자동차가 목적지에 가까워져 책이나 자료를 덮고 가방 속에 넣으려고 할 때에 조금 전에 기억해두려고 생각한 것은 무엇이었던가를 나 자신에게 물어본다.

그리고 '아, 그런 일이었구나.' 라고 생각되면 좋지만 만약 잊어버렸을 때는 역의 홈에 서서 다시 한 번 책을 꺼내 그것을 확인해 둔다.

이것은 내가 언론인이라고 하는, 이른바 그 날 벌어 그 날을 사는 일을 하고 있기 때문이며, 오늘일은 오늘 중에 끝마쳐 버리지 않고서는 일이 되지 않는 습성 때문인 것 같다. 이러한 것이 독서의 방법에도 영향이 있는 것이 아닌가 하여 나 스스로도 이상하게 생각하고 있다. 나는 고등학교 때, 시험 전날 밤을 꼬박 새우기는커녕 한 시간만 시험공부를 했기 때문이 아닌가 한다. 그래서 외울 것은 그 자리에서 외우고자 하는 것 같다.

이것은 사소한 일인 것 같지만, 정말로 중요한 것은 전체를 읽는 일이다. 성서는 세계 최고의 베스트셀러다. 그러나 끝까지 읽은 사람은 아무도 없다고 하는 말이 유럽에 있다. 종교 서적의 난해함은 그만두더라도 한 권의 두꺼운 책을 읽는다는 것은 결코 쉬운 작업이 아니다.

한계단위에 독문력(讀文力)을 강화시키려는 노력을

나는 장편소설이나 두꺼운 자료를 읽을 때, 단편소설과 같은 것을 함께 읽는다. 이와 비슷하게 한 권의 책을 쓰면서, 동시에 잠깐 한숨을 돌리기 위해 신문이나 잡지, 주간지 같은 4~5장부터 20장 정도의 짧은 원고를 그 사이에 끼워 쓰고 있다.

이런 버릇은 성격상 끈기가 별로 없는 나의 결점이라는 것을 알고 있다. 하지만 중단했어도 현재 쓰고 있는 원고의 기억이 없어지지 않는 것을 보면 그저 기쁘기만 하여 또다시 펜을 들어 쓰려는 의욕이 솟아나게 된다.

어린 아이가 어떤 말이나 일을 기억하고 있으면 부모는 자신들의 아이는 천재가 아닌가 하며 좋아한다. 그 즐거움을 자기 스스로 삭여가면 된다. 그러면 그것은 이미 기억이 되는 것이다.

비록 분단되어 있다고 하더라도 그 기쁨이 계속되는 한 아무리 긴 소설이라도 끝까지 다 읽을 수 있게 된다. 읽던 책이 따분해지면 그것을 내던지고 싶어진다. 그 조짐의 하나는 아직 반도 읽지 않았는데 벌써 끝머리 페이지를 읽고 싶어지는 일이다. 모든 소설은 중간을 넘어서면서 클라이맥

스가 있고, 자료를 정리한 문장도 끝 쪽에 쓰여진 것이 많다. 추리소설을 마지막 부분부터 읽는다면, 그것이야말로 아주 형편없는 책이라는 생각이 들게 된다.

그림은 우선 전체를 보고나서 부분을 보는데, 책은 부분이 중첩되는 것이다. 그러나 전부를 읽고 나면 비로소 부분의 가치도 알게 된다. 드라마의 대본도 몇 번이고 전체를 읽는 동안에 저절로 자기 대사의 대부분이 머릿속에 들어가고, 마침내 앞뒤 연결로 보아 세밀한 뉘앙스를 생각해 낼 수 있는 것이다.

하나의 함정은, 재미가 있고 알기 쉬운 책이라는 것은 반대로 인상에 남지 않는다는 점이다. 어떤 책들은 장면이나 말의 단편은 외우고 있다. 그것이 다음 책도 또 읽고 싶은 의욕을 솟아나게 하는 것이다. 하지만 책을 읽은 뒤 남은 것들이 그러한 사소한 것만이라면 어쩐지 인간적인 비약이 없는 느낌이 든다.

훌륭한 가수는 진짜 노래를 부를 때는 평소 부르는 소리의 최대한의 능력을 발휘하여 부른다. 그 열심과 노력의 결과가 청중의 가슴을 울리는 것이다. 그와 마찬가지로 항상 자기 스스로 한 걸음이라도 또는 반 걸음이라도 나은 책을 입수하여 독문력을 강화시켜가지 않으면 기억력은 생겨나지 않을 것이라는 생각이 든다.

같은 책을 두 번 읽지 않고 모여진 책은 기증해 버린다.

    나는 읽은 책이 수백 권 쌓이게 되면, 그 대부분을 남에게 기증하고 있다. 사람들은 책이 쌓여 큰 일일 것이라고들 말하지만 나의 평생에 두 번 이상 읽은 책은 별로 없다. 책과의 헤어짐은 매우 고통스럽지만 나의 연인인 책들은 무언가의 인상이나 기억들을 나의 머릿속에 남겨주고 떠나갔던 것이다.

    명승지를 정작 그 지역 사람들은 의외로 잘 알지 못한다. 항상 갈 수 있다고 생각하기 때문이다. 책도 역시 곁에 쌓아두면 오히려 읽지 않게 된다. 나의 책들은 다 읽고 난 다음에 잠깐 동안 나의 곁에 산처럼 쌓여져 있으나, 몇 달 후에는 눈물을 흘리고 손을 흔들며 멀리 가버린다.

    그러나 나는 결코 그녀들을 잊지 않고 있다. 기억에는 관계를 끊는다는 용기도 필요한 것이다.

제8장

올바른 말하기는
기억력의 **에너지원**이 된다.

진짜 말할 때에는 대본을 쓰레기통에 버린다. 왜 그렇게 하는가?

당신은 앞장의 끝머리에서 모처럼 끝까지 읽은 책이나 자료를 버리게 된다면 다음에 다시 한 번 그 일을 알고자 하여 조사하려해도 의지할 곳이 없어져서 걱정이 되지 않겠느냐는 반론을 갖게 되지 않았는가?

그러나 무언가에 의지하려고 하면 굳이 무리하여 외울 필요가 없다고 하는 안이한 생각이 앞서게 된다. 그리고 기억으로부터는 점점 더 멀어져 가는 것도 사실이다.

나는 아무리 긴 프로그램이라도 중계 현장이나 스튜디오에 들어갈 때에는 빈손으로 간다. 대본은 그때 이미 쓰레기통에 있다. 그 한 가지는 이제 의지할 것은 자기밖에 없다고 하는 것을 스스로에게 선언하기 위함이며, 또 한 가지는 나는 아무것도 모른다, 부디 잘 가르쳐달라고 상대편이나 스태프를 안심시키기 위해서이다.

여기에 또 한 가지 덧붙인다면, 뉴스 원고를 제외하고 출연자가 대본을 뒤적이면서 진행시키고 있는 프로그램은 복습회와 같은 것이다. 그것은 이미 처음과 끝의 연습도 다 되어있는 것이며, 그야말로 결론이 쓰여져 있는 책의 마지막 페이지를 읽는 것이나 마찬가지이다. 더욱이 이전에 연습한

대로 하려고 하게 되어 프로그램에는 활기가 없어지게 된다.

  학교 공부도 마찬가지이다. 그렇게 고생하여 커닝페이퍼를 만들 시간이 있으면 그 시간을 외우는데 쓰는 것이 훨씬 낫다. 게다가 커닝페이퍼를 만들게 되면 시험 중에 어떻게 하면 교사의 눈을 속여 커닝을 할 것인가에 의식이 집중되어 풀 수 있는 문제도 풀지 못하게 된다. 모름지기 성적이 좋은 아이는 커닝페이퍼 같은 것은 만들지 않는다. 그저 다만 의지할 것이 있다면 인간의 힘이 약해진다는 것을 기억하고 있다는 점뿐이다.

  말하기도 마찬가지이다. 모름지기 이 세상에서 가장 맛이 없고 때로는 더없는 실례라고 생각되는 일이 식전(式典)같은 때에 흔히 있는 대독(代讀)이다. 남이 써놓은 글을 그저 읽기만 하는 것은 가장 서툰 강연보다도 더 서툰 이야기법이다. 특히 요즘은 우리가 문자를 제대로 읽지 못하여 틀리게 읽는 경우가 많은데, 이처럼 일부러 남을 대리하여 창피를 사고 있는 사람들이 많다.

  요컨대 이러한 것은 자기의 말이 아닌 것이다. 이런 말하기에는 마음에 울리는 내용이 전혀 없다. 국회에서의 연설이나 대표 질문이 생각보다는 활기도 없고 알맹이도 없는 것은 기본적으로는 남이 써 준 원고를 읽기만 하기 때문이다. 그리고 거기에 종종 큰소리를 내거나 소리를 높이거나 거기에 참석한 장관들이나 의원들을 노려보며 자기 자신을 과시하고 있을 뿐이다.

만약 미리 제출해 둔 원고가 한 글자도 틀림이 없이 읽어야 하는 규칙이라도 있다면 모르지만, 중요한 단어나 그 대의만 정확하게 전달된다면 거기에는 또 다른 읽는 방법이 있을 것이다.

만약 비서나 다른 관리가 써준 문장이 아니라 자기 스스로 쓴 것이라면 전체는 반드시 기억하고 있을 것이다. 그 다음은 부분을 확실히 파악하기만 하면 된다.

써 준 사람의 뜻을 알아서 듣는 사람에게 강한 인상을 주는 읽기

강연의 강사나 TV 뉴스의 아나운서, 또는 거기에 나온 출연자들을 보면, 원고를 읽는 동안 그 문장이 끝나는 5~6 문자 앞에서 얼굴을 들고 청중이나 카메라를 노려보든가 아니면 혼자서 고개를 끄덕거리거나 또는 고개를 내저으며 말을 한다.

이를테면 "오늘 오후 6시 경 명동에서 큰 불이 났습니다."라고 읽는다고 하면 '6시 경 명동에서' 까지는 시선을 아래로 하고 원고를 읽고, '명동에서 불이 났습니다.' 또는 '불이 났습니다.' 라는 대목까지는 얼굴을 들고 고개를 흔들게 된다. 그리고 카메라나 상대편을 노려보거나 다시 원고에 시선을 돌리곤 한다.

이렇게 되면 남이 써 준 원고를 오직 글자만 좇으며 읽고 있다는 모양이 되어 버린다. 내가 기자 여러분들로부터 자기들이 써 준 원고를 읽지 않는다고 비난을 받는 것은 극히 사소한 기술적인 차이에 불과하다.

나의 읽기는 '오늘 오후 6시 경'이라고 말할 때에 이미 서서히 얼굴을 들기 시작한다. 이보다 조금 뒤에 문장이 끝난다고 생각하기 때문이다. 그리고 얼굴을 들 때에 문장의 끝 바로 앞에 쓰여 있는 문장의 한 줄이나 두 줄 앞에 시선을 두고 외워버린다.

"오늘 오후 여섯 시 경 명동에서 불이 났다.

불이 난 곳은 명동 6가의 뒷골목으로, 한 때에는 구경꾼에 의해 소방차가 꼼짝을 못할 정도였으나 곧 진화되었다. 불이 난 것은 그 옆에 있는 빌딩 4층에서 ……."

라고 씌어있으면 '불이 났나'에서 얼굴을 들고 있을 때에는 다음 '불이 난 곳은'까지는 머릿속에 외워두어야 한다.

6가와 장소가 설정되었으면 다음에 오는 것은 화인(火因)이든가, 아니면 정경(情景)의 어느 쪽이 될 것이라는 것쯤은 뉴스를 담당하는 사람이라면 하나의 상식이 되어 있다.

그래서 다시 원고에 눈을 돌리면 '한 때'라든가 '구경꾼'이 눈에 들어오게 되므로 이것은 순간적인 인상, 즉 이 앞에서 내가 말한 그 주간지를 사용한 그 실험과 같이 하나의 인상으로 눈에 남기게 된다.

동시에 다음의 문장 뒤에 오는 '화인은 ○○빌딩의……'를 확인한다.

이렇게 쓰면 무슨 재주를 부리는 것 같은 느낌이 들지만, 요는 문장에 종지부가 찍힌 다음의 1행을 외우는 것이다. 즉 남이 얼굴을 들고 문장 끝까지 말할 것을 문장 끝의 다음 1행까지 얼굴을 들고, 필요하다면 여기서 좀 더 앞으로 나가는 방법을 취하는 것도 좋다.

이렇게 하면 원고를 쓴 기자가 가장 강조하고자 하는 부분을 파악하고, 기자가 말하고 있는 것과 같은 효과를 얻을 수 있게 된다. 그러니까 읽지 않는 것이 아니라 내가 그 누구보다도 가장 원고를 잘 읽고 있는 셈이 된다.

기억에는 기억하고 있는 척하는 요소도 필요하다.

　TV 초창기에는 TV에 관계하는 사람들인 우리들조차도 TV가 무엇인지 잘 모르는 시대였다. 이제와 생각하면 그야말로 이상한 이야기지만 "너는 TV를 담당하라."는 말을 들었을 때 나는 무척이나 실망했고, 나의 직업에 대해 진지하게 생각하게 되었다. 마치 내가 아무 소용이 없는 인간이라는 낙인이 찍힌 것 같아 의기소침했던 시절이었다.

　당시 내가 기자들에게 "TV는 지금이 중요하다. 교통사고가 생기면 그것을 목격한 사람이 생생하게 화면에 등장하여 사고의 상태를 이야기하는 것이 TV이다. 뉴스 현장에 있는 것은 당신들이므로 기자가 직접 화면에 등장하는 시대가 온 것이다."라고 입에 침이 마르도록 말을 해도 기자들은 원고를 쓰는 것이 자기들의 할 일이라고 내 말을 일소에 붙이고 말았다.

　그리고 뉴스에 여성 아나운서를 지켜야한다는 당시 나의 제안은 뉴스가 무엇인가를 전혀 모르는 사람의 헛소리라고 일축되었던 것이다. 도쿄 올림픽이 있었던 1950년대 말부터 1960년대 초까지는 아직 그러한 TV의 시대였던 것이다.

　그랬던 것이 지금은 기자나 여성은 당연하게 뉴스 앵커가 되고 있으며, 원고가 바로 눈앞에 영상으로 나타나 마치 아나운서가 모든 것을 기억하고 있는 것처럼 보이게 하는 기계까지 출현했다.

 그렇다면 그저 겉으로 보여지는 것들은 기억이 아닌 것일까? 꼭 그렇지만은 않다. 결론부터 말하면 기억에는 '기억을 하고 있는 척' 하는 요소도 필요하다.

 마치 내가 무엇인가를 아는 척하고 있는 동안에 어느덧 진짜로 알아버리게 된다. 물론 남 앞에서 아는 체 하는 것은 잘못하면 자기의 명예를 스스로 손상시키는 일이 될 수도 있다. "알고 있다고 말하지 않았는가"라는 공격을 받게 되면 다음에는 꼼짝을 못하게 된다.

 사람의 성격에 따라 다르지만, 이러한 때에 자기 기억의 잘못을 솔직하게 인정하지 않고 어디까지나 흑을 백이라고 고집하는 사람이 있다. 이렇게 하면 일시적으로 그 자리를 피할 수는 있지만, 그에 대한 신용은 크게 떨어지게 마련이다.

 그러한 경우에 애매한 지식이나 기억으로 그 자리에 임한 자신을 후회하며, 다음에는 올바른 지식을 가져야겠다고 생각하는 사람이 마침내 기억력도 좋아지는 것이 아닌가 한다.

> 대본을 읽으면서 스튜디오를 세 바퀴 돌고나면 대본을 버린다.

　나도 솔직히 말하면 아는 척, 외우고 있는 척 했던 것이다. 그러나 굳이 핑계를 대자면, 내가 그렇게 하지 않으면 그 다음을 진행시킬 수가 없게 되기 때문이다. 나로서는 전혀 기억력이 좋지 않은데 오랜 동안 친근하게 지낸 스태프들로부터, 또 다른 많은 사람들로부터 기억력이 좋다는 말을 듣는 동안에 이와 같은 책까지 쓰고 있는 처지가 되어버린 것이다.
　"스튜디오 입구에서 전화번호부 정도의 두꺼운 대본을 건네받고, 그것을 읽으면서 스튜디오를 세 바퀴 돌면 벌써 대본은 쓰레기통에 버려지고 없다."라는 평을 받던 것이 1960년대 초부터이다.

나는 내가 소속된 방송기관이 결정한 사항을 프로그램이라는 형태로 전하려고 할 때, 거기에 직접 관계한 기자나 PD, 기술 감독들의 생각을 말이나 액션으로 대변하는 직업인이었다. 자유롭게 자기가 내키는 대로 말하면 비평을 받게 마련이었으나 나는 36년간 한 번도 자기의 말로 말한 일은 없다. 또 말해서는 안 될 입장에 있었다.

내가 그동안 방송이나 프로그램에 대한 책을 한 권이 아니라 단 몇 줄도 쓴 일이 없는 것은 그 때문이다. 이 책에서와 같이 종종 방송에 관계된 것을 언급하는 일은 36년간이나 근무했음에도 불구하고 처음 있는 일이다.

시험공부를 할 때에도, 아무리 그전에 준비를 해왔다고 해도 역시 가장 효과가 오르는 것은 시험 전날이나 며칠 전이다. 그때까지의 공부는 그것을 위한 연습과 같은 것이다. 엄밀히 따지면 그 동안은 공부한 체하는 행동을 하고 있었던 것이다. 그러나 그 '……체' 한다는 것은 결코 헛일이 아니다. 이는 본격적으로 암기를 하려고 할 때에 큰 도약대가 되어줄 것이다.

> 기억이란 무언가를 추구해가는 소설의
> 가장 간단하고 쉬운 일상적인 충동이다.

　말을 할 때 주눅이 들지 않는 방법이 있느냐는 질문을 흔히 받게 되는데, 사실 주눅이 드는 사람 쪽이 매우 솔직한 사람이다. 많은 사람들 앞에서면 인간의 신경은 주눅이 들게 되어 있다. 주눅이 들지 않는 사람은 얼굴이 두껍고 뻔뻔하든가, 아니면 남 앞에 서는 연습을 해온 사람으로 오히려 이 사람들이 다소 정상의 범위를 벗어난 경우라고 말할 수 있다.

　그러나 주눅이 들기 때문에 무슨 말을 하고 있는지 모르게 되는 상태가 되어서는 곤란하다. 극히 초보적인 증상이지만 이것은 기억상실증과 유사한 상태가 된다. 기억이 인간에게 주는 기쁨은 정신이 가능한 한 안정된 상태 속에서 상기되어, 그 즐거움으로 말미암아 기분이 고양되는 것이다. 그리고 쓰거나 말하는 것을 통해 자기가 지금 틀림없이 존재하고 있다는 확신을 얻는 일인 것이다. 기억이란 무엇인가를 추구해가는 소설과 같지만, 가장 간단하면서 쉬운 일상적인 충동이라고 말해도 좋을 것이다.

　그런데 곤란한 것은 신은 우리 인간들에게 이와 같은 즐거움을 줌과 동시에, '편할 때가 있으면 고생할 때도 있다.'는 속담을 그대로 실행해야 한다는 것도 인간에게 부여해

버린 것이다.

　기억된 사항을 생각해 내는 단계에서 우리가 부딪히는 여러 가지 장애의 벽이 바로 그것이다. 우리가 기억이 필요해서 생각을 하고, 그것을 이야기하거나 쓸 때에는 시험이나 강연, 또는 상대가 바로 눈앞에 있는 경우이다. 이럴 때에는 다소 마음이 흥분되고 긴장이 되어서 안정된 상태가 아닐 경우가 많은 것이다.

말하기를 성공시키는 마음의 준비

　강연도 그 하나이다. 이것만은 꼭 말해야겠다고 생각하여 몇 번이고 연습을 하고 왔으므로 냉정해야 할 것임에도 불구하고 많은 사람들은 말을 잘하고 못하는 문제가 생기게 된다. 즉 이와 같은 선입견들이 평상심을 잃게 하고, 눈 깜짝할 사이에 기억을 어디론가 날려버리게 된다.

　그렇게 되면 그 다음 자기는 이제 안되겠다고 생각할 수밖에 없다. 이와 같이 의식이 하나의 점에 집중해버리는 것을 주눅이 들었다고 말한다.

　따라서 이것을 피하려면, 마음을 산란시키면 되는 것이다.

나도 강연을 할 때에는 무대로 나와 서너 걸음 걷다가 잠깐 서서 정면과 무대 위에 있는 나의 왼편의 위쪽, 그리고 오른편의 아래쪽 순으로 손님들에게 인사를 한다.

이렇게 하고 연단 앞에 설 동안에 청중의 남녀별 인원 수, 연령층, 계층 등을 판단하고 대개 어느 정도로 이야기를 할 것인지 생각하여 이야기를 시작한다. 처음에는 갑자기 웃음을 유도하고 그 반응의 정도를 확인한다.

이 정도까지 해두면 마음이 상당히 안정된다. 결혼식 때의 축사 등에서도 마찬가지이다. 자신의 차례가 왔다고 생각되면 식사를 그치고 입을 닦는다. 여성 같으면 손거울을 잠깐 들여다보고 준비를 하면 되고, 만일 지명되면 자기가 보아서 더 많은 사람이 있는 쪽에 정중하게 그리고 적은 쪽에는 다소 가볍게 머리를 숙이고 나서 천천히 이야기를 시작하면 된다.

> **자기의 기억력을 믿어야하며 만일 잘못됐으면 정정하면 된다.**

기억은 어느 누구의 도움도 받지 않고 자기 혼자 만들어 낸 재산이다. 재산은 소중하게 보호하고 유용하게, 그리고 자신감을 가지고 사용하지 않으면 안된다. 야구에 있어서 강타자가 '오냐, 이번에는 꼭 치고 말겠다.'라고 자기 자신을 격려하고 기분을 고양시키는 한편, 상대 투수가 던지는 공의 좋고 나쁨을 냉정하게 알아보는 눈이 있어야 하는 것과 같다. 홈런은 타자 바로 자신이 치는 것이다.

따라서 자기의 기억력을 믿어야 한다. 만일 틀렸으면 정정하면 된다. 우리들을 날마다 법정에 나가 증언대에 서서 먼 옛날에 일어난 사건에 대한 증언을 요구받고 있는 것은 아니다. 증언이야 잘못되면 큰일이지만, 일상생활의 잘못된 기억은 그 자리에서 진솔하게 사과하고 정정하면 대부분이 용서가 되는 것이다.

이와 같은 여유가 기억을 생생하게 한다. 이 세상에는 걱정되는 일은 없다. 그 걱정을 만들고 있는 것은 바로 자기 자신이다.

강연 때도 그럴듯하게 쓴 원고를 통째로 암기하여 그것을 많은 사람들 앞에서 복창하려 한다면 그것은 무리이다. 나도 그렇게 할 수는 없다. 이야기를 하는 것처럼 쓰라고들 흔히 말하지만, 이것은 완전히 가능한 것은 아니다. 나는 TV 등에 출연하여 말할 때는 한 문장과 다음 문장이 끝날 때까지가 매우 짧으며 흡사 광고 문구를 연이어 말하는 것처럼 의식적으로 말을 하고 있다.

왜냐하면, 한 문장이 끝날 때부터 다음 문장이 끝날 때까지 한문자나 한글을 다 하나의 문자로 생각한다면, 50자 이상이 되는 것들은 들어도 알기가 매우 어렵기 때문이다. 그런데 원고가 되면 이 책에서도 알 수 있듯이 한 문장이 끝나서부터 다음 문장이 끝날 때까지가 상당히 길다.

생각한 것을 미화하려는 노력이 바로 기억력이 된다.

이야기를 하든, 문장으로 쓰든 처음에 있는 것은 말이나 문자가 아니라 바로 마음인 것이다. 이를테면, 당신이 초등학교 시절의 친구로서 결혼 피로연에서 축사를 한다고 하자. 우리들이 이와 같은 말에 서투른 것은 자기의 입장은 잊고 곧바로 설교조가 되어버리는 데에 있다. 그저 말을 잘하려고만 생각하고, 무슨 모범 연설집 같은 것을 보기도 하는데, 그러면서 흡사 물과 기름같이 평소의 인품과는 전혀 다른 속담 등을 인용하려고 든다. 이러한 연설집에 있는 것은 자기의 말이 아니라 남의 말인 것이다.

우선 필요한 것은 초등학교 시절의 그 또는 그녀는 어떤 아이였는가, 자기와의 관계 속에서 생각나는 것은 무엇인가를 당신 자신의 기억에서 더듬어 가면 되는 것이다. 그것은 당신만의 재산이며 다른 사람은 아무도 갖고 있지 않다.

그나 그녀에 대한 관찰이나, 거기서 생기는 사건이 기억 속에서 끌어내진다면 다음에는 그것을 어떻게 하면 아름답게 표현하여 마무리를 하면 된다. 바로 여기에 당신의 마음이 필요하게 된다. 즉, 거기에는 당신의 인격이 있는 것이다.

물론 인간의 머릿속에는 생각하고 싶지 않은 기억도 들어 있다. 예를 들면, 원자폭탄이 떨어진 히로시마나 나가사키에 대한 것들은 영원히 잊어서는 안되며, 또 그 기억을 이야기하지 않으면 안된다.

그러나 폭격을 당한 사람들이나 그 유족, 그리고 직접 히로시마나 나가사키로 들어가서 그 사람들 중에 가장 가혹한 경험을 가지고 있는 사람들 중에는 절대로 떠올리고 싶지 않다고 생각하는 사람도 있다.

그것은 한 인간의 삶 속에서도 마찬가지이다. 즐겁고 좋은 기억은 그만두고라도 생각하고 싶지 않은 기억은 종종 인간의 의지력으로 이어진다. 그 때문에 비록 일시적이라도, 또는 상당히 오랜 기간에 걸쳐 살아가려는 힘을 잃어버린다든가 반대로 또다시 그와 같은 생각을 하지 않겠다고 결심하여 새로운 비약을 이루는 사람도 있다.

아무튼 기억에 있어서 득이 되는 것은 비록 괴로운 기억이라도 그것을 자기 나름대로 미화하여 다시 만들어가는 노력을 하는 일이다. 어쨌거나 세상은 즐거운 쪽이 더 많은 것이다.

강연도 그렇다. 억지로 일시적인 웃음을 유도하기보다는, 듣고 있는 사람들의 마음을 밝게 하는 이야기 쪽을 더 기뻐할 것임에 틀림이 없다. 이는 고등기술로써 종종 간단히 분위기를 부드럽게 하기 위해 사소한 웃음을 사이사이에 조금씩 삽입하면 된다. 하지만 이것 역시 매우 어려운 일로서 여기에 대해서는 상당한 숙련이 필요하다.

생각해 낸 것을 미화해주려고 하는 노력이 확실한 기억을 낳게 된다. 이야기의 줄거리를 외우는 것은 하나의 암기이며, 기억은 당신 전체를 감싸주는 것이다.

사람이 귀를 기울이는 시간은 길어야 1분 30초이다. - 말하기의 하나의 모범

이를테면 다음과 같은 이야기를 한다고 하자.

"축하합니다. 나는 오늘의 신부가 내일부터 상냥함과 연민의 정이 있는 가정을 만들어 갈 것이라고 믿고 있습니다. 신부와 나는 어렸을 때부터 잘 알고 있으며, 나이는 내가 한

살 위지만 집은 서로 마주하고 있어서 같은 초등학교에 다녔었지요.

우리들의 마을은 명절 때면 큰 축제가 벌어지곤 했었습니다.

초등학교 5학년 때 몸이 큰 나는 어른들의 흉내를 내고, 어른들 틈에 서서 혼나기도 했습니다. 그리고 그 때 나는 넘어져서 무릎에 피를 흘린 일이 있었습니다.

그 때 한 여자아이가 달려와서 손수건을 꺼내 나의 상처를 묶어주었습니다. 그 아이가 바로 오늘의 신부인 것입니다. 그리고 '이젠 아프지 않을 거야, 괜찮을 거야.' 라고 말했었지요. 당시의 나는 그 아이가 마치 누님이나 간호사같이 생각됐습니다.

부디 그 때의 상냥함과 연민의 정을 잃지 말고 훌륭하고 멋있는 가정을 꾸려주시기 바랍니다. 오늘의 신랑신부의 결혼을 진심으로 축하합니다."

이 말은 천천히 해도 1분 10초 정도의 인사말이 된다. 말의 내용이 상대에게 완전히 이해되는 길이는 45초까지로, 길어봐야 1분 30초까지이다. 이 이상이 되면 듣고 있는 사람은 그 말이 장황하다고 느끼기 시작하고, 2분 10초를 넘게 되면 말하고 있는 사람도, 듣고 있는 사람도 그 내용을 잘 모르게 된다. 이것은 내가 2년에 걸쳐 TV 카메라를 사용하여 실험한 결과로도 알 수가 있다.

> **말은 항상 듣는 사람에 대하여
> 촉각적(觸覺的)이어야만 한다.**

　나는 강연을 할 때 1분 30초~2분 정도에서 다음 화제로 바꾸려고 애를 쓰고 있다. 2분을 넘게 되면 청중은 그 부분을 쓸데없는 말이라고 생각하게 되고, 기억하려 들지 않기 때문이다.
　앞에서 말한 축사도 불과 1분간에 걸친 이야기인데, 여기서 외워두지 않으면 안 될 조건이 있다.
　우선 자신과 신부와 어렸을 때부터 잘 아는 관계 속에서 두 사람 사이를 이어주는 풍경으로 명절 때의 축제가 맨 처음 머릿속에 떠올랐다고 하는 사실이다. 이것은 자신이 기억을 하고 있는 것이다.
　말은 항상 듣는 사람에 대하여 그 정경에 직접 손이 닿는 것 같은 느낌을 주는 것이 중요하다. 그러니까 촉각적이어야 한다는 뜻이다. 그렇게 하면 이야기를 하고 있는 동안에 항상 자기의 머릿속에 축제의 모양을 그리고 있어야 한다. 이야기를 하려고 했다가 미처 꺼내지 못한 사람의 말에는 항상 이러한 점이 결여되어 있다. 이는 단지 단어만으로 말을 만들려고 함으로써 결국 할 말을 못하게 되는 것이다.

축제 때의 추억을 이야기한다고 자기에게 타일렀으면 다음은 이야기 순서가 중요하다.

처음에는 물론 축하한다는 말을 해야 한다. 이 말을 하지 않으면 형식을 갖추지 못하게 되며 말의 시작이 너무 딱딱하게 된다.

다음에는 말할 내용의 결론을 말해야 한다. 결론을 먼저, 이유를 나중에 라고 하는 구성이 좋다는 것은 나의 생각이지만, 이런 구성은 나의 기분을 상대에게 틀림없이 전할 수 있는 중요한 수단이다. 이 경우 상냥함과 연민의 정이 넘치는 가정을 꾸릴 것이라는 것이 결론이 된다.

스피치를 재미있게 하려고 처음의 몇 줄을 반복하고만 있는 것은 말하는 사람이 주눅이 들어있다는 증거이다. 주눅이 든 것을 진정시키는 하나의 방법은 지금 자기는 주눅이 들었다는 점을 알아야 한다는 것이다. 주눅이 들면 손바닥에 땀이 배거나, 괜히 주변을 두리번거리게 된다. 하지만 주눅이 들어있는 자기를 보고 자기 스스로 웃게 되면, 금방 안정을 찾게 된다.

이 문장은 1분 정도이지만, 그래도 몇 개의 단락으로 이루어져 있다. 이 단락에 인상을 깊이 하여 외워두어야 한다. 그리고 그것은 자기 마음대로 정하면 되는 것이다.

신부와 어렸을 때부터 잘 안다는 점과 마을의 축제, 그리고 초등학교 5학년, 여자아이 등등, 이것이 구성이므로 '어렸을 때부터의 친구, 축제, 5학년, 여자아이'라고 하나의 리듬을 붙여주면 외우기가 훨씬 쉬워진다. 그리고 끝에 가서 전체적인 결론을 말한다. 듣고 있는 사람의 기억에 남을만한 것을 평이하고, 구체적이고 정경적으로, 그리고 진심을 담아 결론을 지으면 된다.

기억력이 나쁘다는 인상을 주는 이야기법
– 말하기의 하나의 나쁜 보기

이렇게 쓰고 보면 우리 인간은 자기 기억의 범위 내에서 말을 하고 있다는 것을 새삼스레 깨닫게 된다. 확실한 지식이나 체험, 듣거나 본 이야기, 예전에 자기가 만들거나 추측하여 생긴 생각이나 의견 등, 인간은 기억한 사항을 서로 관련시켜서 말도 하고 글을 쓰기도 하면서 살고 있는 것이다.

기억력이 좋다는 말을 듣는 것은 이 기억된 내용이 차례대로 정리되어 나올 때에 하는 말이다. '아, 생각이 났다.'

의 정도로는 '그것을 잘 외우고 있었군요.'라는 말은 듣겠지만 기억력 그 자체가 좋다고는 말하지 않을 것이다. 앞에서와 같은 상황에서 비록 짧은 스피치라도 다음과 같이 이야기를 하게되면, 오히려 기억력이 나쁜 사람이라는 평가를 받게 된다.

"에~, 나와 신부는 또 1학년 때는 다른 반이었는데, 2학년 때와 3학년 때는 같은 반이었다. 그리고 4학년 때는 또 다른 반이었고, 5학년과 6학년 때가 또 같은 반이었다. 우리들이 다닌 초등학교는 ○○초등학교였다."

이렇게 말을 한다면 그 사람의 기억은 틀림이 없지만 듣고 있는 사람의 마음속에는 '그러니까 어떻게 했다는 말인가……?'라는 생각이 들어 불안하고 초조해지기 시작할 것이다. 이는 본 줄거리와는 관계가 없고 정리가 되어있지 않기 때문이다. 교양이 방해를 하고 있다는 농담이 유행한 일이 있었는데, 기억이 하나의 방해가 되어버린 것이다. 이와 같은 전형(典型)은 여성들이 이야기할 때에는 꽃을 피우지만 열매는 맺지 못한다고 말하는 이유가 되기도 한다.

단순한 암기나 기억과 참다운 기억력의 상이

　과거에 있던 일을 자세하게 기억하는 점에서 남성은 여성의 발뒤꿈치에도 따라갈 수 없다. 그런데 정작 이야기를 하는 단계가 되면 그것을 생략하고 정리할 힘이 모자라서 간혹 일부 여성들의 경우 너절하고 세세한 부분의 묘사가 밑도 끝도 없이 이어지게 마련이다.

　그 결과 '잘도 외우고 있구나.'라는 말을 듣게 되는데, 그 밑바닥에 있는 정감은 기억하고 있어서 감탄하고 있는 것이 아니라 '좀 더 잘할 수 있지 않겠는가.'라는 냉소에 가까운 경멸로 나타난다.

　암기나 기억, 기억력과 참다운 기억이 다른 것은 여기에 있다. 암기는 필요한 과목을 흡사 인쇄하는 것처럼 외우는 것으로, 그것은 어디까지나 정연하지 못하다. 법률가들의 주요한 일은 법률을 정확하게 암기하는 것이라고 말하지만 아마 외우는 초기의 상황이 그렇지 않을까 한다.

　그러나 학생의 시험공부 때의 암기와 다른 것은 암기한 법률이 때로는 평생에 걸쳐 그대로 머릿속에 남아있는 기억이 되는 점이다. 그리고 판사든 검사든, 또는 변호사든 솜씨가 뛰어나다고 말해지는 사람은 법정에서 변론을 하거나 일상적인 조사를 할 때 필요한 법률이 상대보다도 재빨리 기억 속에서 끌어내어지는 사람이다. 이러한 두뇌의 작용으로부터 기억력이 말을 하기 시작한다.

이렇게 해서 끌어내어진 하나의 법률과 다른 법률, 판례, 또는 그 시대의 사회상식 등이 교묘하게 조합되어 새로운 논술을 구성하는데, 여기서 기억은 완전히 그 구실을 다하게 된다.

새로운 교육제도를 검토한 임시교육심의회의 답신을 보면 이제까지의 교육은 기억 중심이었으므로 앞으로는 이와 같은 경향을 배제하지 않으면 안된다고 쓰여져 있다. 하지만 나는 이것은 잘못된 것이라고 생각한다.

교육기술의 기본은 어디까지나 기억이며, 좋은 기억과 좋은 기억의 결합이 새로운 창조를 가져오는 중요한 역할을 하는 것이다. 배제해야 하는 것은 기억이 아니라 바로 암기이다. 교사가 말한 내용을 충실히 답안지 위에 재현할 수 있는 학생이 우수하다고 낙인을 찍는 교육방법이 문제인 것이다. 좋은 기억은 알기 쉽고 설득력이 있으며, 게다가 듣는 사람의 마음에 뭔가를 호소하는 소설 같은 이야기로도 나타나게 된다. 이는 기억의 요소로 일컬어진 수많은 사항이 슬기롭게 정리되어 있는가의 여부에 달려있다.

기억이란 단순히 외우는 작업만은 아닌 것이다.

제9장

기억력
— 재미있는 연습법
: LESSON 1

「퀴즈-재미있는 세미나」의 12문을 재연해보면

 이제까지 내가 좋든 싫든, 만난 사람들에게서 질문을 계속 받아온 나의 기억력에 대하여 나 나름의 독단과 편견으로 분석을 해보았다. 그런데 거기에 대해 항상 추상적인 대답만 할 수는 없는 일이므로, 여기서는 그 실례를 들어보기로 한다. 다만 다음에 말하는 것은 절대적인 방법이 아니라 기억을 위한 하나의 수단일 뿐이다.

 그동안 「퀴즈-재미있는 세미나」에서 8년 동안에 실제로 출제된 문제는 거의 7천 문항 정도이다. 다행히 NHK의 호의로 이 중에서 열두 문제만을 기재해도 좋다는 허가를 받았다. 이제 그것을 배열함으로써 기억의 방법을 재현해보려고 한다.

 1. 도미의 어획고가 가장 많은 시, 도, 군은 세도나이까이(漱戶內海)에 접한 에히메현(愛○絲)이다?

  정답(×)

 천연적인 것과 양식한 것을 합쳐 1위는 나가사키현이며 11378톤이고, 2위는 에히메현으로 7015톤, 3위가 구마모토현(態本絲)으로 6044톤이다. 전국의 총계는 53013톤이다.

2. 옛날에 있었던 가장 작은 책을 겨자씨 책이라고 불렀다?

정답(○)

겨자씨 책 : 1변이 1.5cm까지

참깨 책 : 2.3cm까지

쌀 책 : 3.2cm까지

밀 책 : 4.6cm까지

콩 책 : 6.5cm까지

강낭콩 책 : 9.2cm까지

3. 초등학교에서 그 학급에서 가장 인기가 있는 아이는 공부를 잘하는 아이이다?

정답(×)

재미있는 아이와 잘 웃기는 아이 : 39.1 %

누구와도 사이가 좋은 아이 : 23.6 %

운동을 잘하는 아이 : 13.4 %

공부를 잘하는 아이 : 8.1 %

4. 수분이 가장 많은 채소는 무다?

정답(×)

오이 : 96.2 %

머위 : 96.1 %

동아박 : 96.0 %

배추 : 95.9 %

무 : 93.1 %

5. 양조주 중에서 알코올 농도가 가장 높은 것은 청주다?

정답(O)

술에는 청주와 같은 양조주와 위스키나 소주와 같은 증류주가 있는데, 양조주의 알코올 농도는 다음과 같다.

청주 : 15~16°

노주(老酒 : 오래된 술) : 15~16°

와인 : 8~12°

맥주 : 3~5°

6. 인구 10만 명 당 영화관이 가장 많은 현은 아오모리현(靑森絲)이다?

정답(O)

1위 아오모리현 : 2.69

2위 미야자키현 : 2.64

3위 야마가타현 : 2.54

4위 홋카이도 : 2.47

5위 오키나와현 : 2.46

도쿄는 2.07이고 전국 평균 1.77이다.

7. 씨름선수 63명 중 가장 많은 혈액형은 A형이다?

정답(ㅇ)

천하장사 중

A형 : 24명

O형 : 17명

B형 : 12명

AB형 : 8명

불명 : 2명으로 되어 있다.

8. 포유동물 중에서 종류가 가장 많은 것은 쥐다?

정답(ㅇ)

포유류 : 약 4600종

쥐 : 약 1800종

박쥐 : 약 900종

두더지 : 약 400종

사람 등 영장류 : 약 200종

(그 밖이 약 1300종이 있다.)

9. 초등학생의 골절사고가 가장 많은 것은 1년 중 10월이다?

정답(○)

10월 : 104건

5월 : 96건

2월 : 78건

10. 초등학생 2명 중 1명은 자기 할아버지의 이름을 모른다?

정답(○)

할아버지의 이름을 모르는 아이 : 50 %

외할아버지의 이름을 모르는 아이 : 50.1 %

할머니의 이름을 모르는 아이 : 39.7 %

외할머니의 이름을 모르는 아이 : 37.3 %

11. 1인당 1년에 복권을 10장 이상 사고 있다?

정답(○)

1980년 4월부터 1981년 3월까지의 복권 발매 매수는 일본에서 15억 9천8백만 장으로 1인당 약 13매가 된다.

12. '이솝이야기'에서 가장 많이 등장하는 동물은 당나

귀이다?

정답(×)

'이솝이야기' 414편 중 약 80 % 정도에 동물이 등장하는데,

1위는 사자 : 42

2위는 여우 : 40

3위는 개 : 35

4위는 당나귀 : 31

5위는 늑대 : 31

그 다음이 소, 원숭이, 양, 말의 순으로 되어 있다.

이상 간단한 자료를 실어 보았다. 프로그램에서는 ○는 맞는 것이고, ×는 틀린 것이라고 대답하도록 했다.

12문의 문제 순서와 답을 어떻게 기억하는가?

그런데 이것을 모두 기억하지 않으면 안되는데, 우선 알기 쉽게 문제들을 외우는 것부터 시작해본다.

12가지 문제가 있는데 이 순서를 틀려서는 안된다. 바르

게 대답했을 때에는 내가 리드하여 박수를 치지만 틀리게 말했을 경우에는 효과를 담당하는 사람이 버저를 울리도록 되어 있다. 만약 내가 출제의 순서를 제멋대로 해버린다면, 효과를 담당하는 사람은 북을 치고, 12가지 물음 중에서는 작은 책을 5가지나 6가지의 실물로 보여주기 위해 무대 뒤에서 대기하고 있는 조수와 맞지 않게 될 것이다. 그렇게 되면 말할 것도 없이 프로그램은 엉망이 되어버린다.

문제의 각 문항은 정확히 외운다 하더라도 과연 12가지 문항을 모두 틀림이 없이 내보이려면 어떻게 해야 하는가가 최초의 과제가 된다.

그러나 이 물음을 배열해 보면 다음과 같이 된다.

1. 도미
2. 작은 책
3. 초등학생
4. 채소
5. 알코올
6. 영화관
7. 씨름 선수
8. 포유류
9. 골절
10. 할아버지

11. 복권

12. 이솝이야기

문제의 강조점을 끌어내어 그룹별로 리듬을 붙인다.

이 중에 문제로서 잊어서는 안 될 것은 다음 사항이다.

1. 에히메현이 첫째라고 하는 거짓말
2. 겨자씨 책이라고 하는 말
3. 공부를 잘 하는 아이
4. 무
5. 청주
6. 아오모리현
7. A형
8. 쥐
9. 10월
10. 2명에 1명
11. 10장 이상
12. 당나귀

이것이 각 문제의 강조점이므로 이것만은 다른 수단에 의

지하지 않고 확실히 외우지 않으면 안된다. 한 가지 물음마다 말을 반복 연습하여 기억한다.

그리고 중요한 순서인데 다행히 4팀이 있고, 한 팀이 3명씩이니까 12문항을 4로 나누어 3문씩 나누어서 외운다.

처음의 팀은 1. 도미, 2. 작은 책, 3. 초등학생이다.

이렇게만 써서는 알 수가 없겠지만, 이것을 말로하면 "도미, 작은 책, 초등학생"이 된다. '도미, 작은 책'을 음으로 말하면 5음이 된다. 그리고 초등학생은 4음이 되어, 즉 5·4조가 되어 외우기가 매우 쉽게 된다.

두 번째 팀은 1 채소, 2 알코올, 3 영화관이다.

"채소, 알코올, 영화관"이라면 리듬을 붙이기가 매우 어려워진다. 그래서 1의 채소와 2의 알코올을 합하여 5음으로 하고 영화관을 '영화의 관'으로 하여 4음으로 발음한다. 그러면 역시 5·4조가 되어 외우기가 쉬워진다. 다른 것도 이와 같은 방법으로 말에 리듬을 붙이면 외우기가 매우 쉬워진다. 그리고 세 번째 팀은 1 씨름선수, 2 포유류, 3 골절이다. "씨름선수, 포유류, 골절"이라면 전혀 리듬이 붙지 않는다. 그래서 "씨름선수"는 4음이며, "포유류"와 "골절"은 5음이 되는데 "포유류와 골절"이라고 말하면 6음이 된다. 따라서 4·6조가 되어 외우기가 한결 쉬워진다. 따라서 어떤 것을 외울 때에는 자기 나름의 방법을 생각하여 거기에 맞춰 외우도록 하면 한결 외우기가 쉬워진다. 이렇게 해서 리듬을 붙여 몇 차례 입안에서 중얼거리고 있으면 적어도 이 기억에 관한 한 80%는 성공이다.

완벽한 기억이 되는 나머지 20%의 노력은 그림을 그리는 생각을 발휘한다.

이것만으로는 확실히 어조가 좋은 말로 외울 수는 있지만, 과연 완전히 외웠는지 여부는 확인할 수가 없기 때문에 80%의 성공이라고 한 것이다. 그래서 나머지 20%를 위해 다음과 같은 그림 그리는 마음이 필요하게 된다.

스튜디오에 12명의 해답자가 3명씩 위로 2팀이 있고 아랫단에 2팀이 앉아있다. 그 정경을 머릿속에 그린다. 실제로 질문의 순서는 화면의 정면에서 보면 왼쪽 위에 있는 사람이 맨 처음으로, 오른쪽 아래에 있는 사람이 맨 나중에 질문을 받아야 한다.

여기에 조금 전에 암송한 말을 끼워보아도 그것은 오직 복습하는 것에 지나지 않는다. 모처럼 스튜디오 안을 상상했으므로, 반대로 오른쪽 아래의 맨 나중에 질문을 받을 사

람에 대한 출제부터 하나씩 꼼꼼히 말을 해본다. 이를테면,

1. 이솝
2. 복권
3. 할아버지
4. 골절
5. 쥐
6. 씨름 선수
7. 영화관
8. 청주
9. 무, 채소
10. 초등학생
11. 작은 책
12. 도미

이것을 반대로 말하면 어조가 달라지므로, '무'에는 채소를 덧붙여서 4음으로 해둔다. 이것만을 막힘없이 말할 수 있으면 90%까지는 완성된다.

다음은 진짜 방영하기 직전, 해답자가 스튜디오에 들어올 때 계단식으로 되어 있는 무대의 입구에 서 있다가 한 사람, 한 사람에게 인사를 한다. 그런데 대부분은 여기서 처음으로 만나는 사람이므로 서로 "잘 부탁합니다."라고만 말한다.

용모, 성격과 문제를 결부시켜서 기억을 완전하게 한다.

○○씨

미인

공주

에히메현

내가 해답자와 말을 하는 것은 처음이나 끝을 불문하고 오직 이 때뿐이다. 모두가 순서 없이 들어오게 되는데 번번이 "부탁합니다."라며 머리를 숙였을 때 '이 사람에게는 저 문제를 내야지'라고 최후에 확인을 하는 것이다.

그리고 기억을 환기시키는 방법을 순간적으로 또 한 가지 만들 수 있는 경우도 있다.

이를테면 1이 ○○씨이고, 2가 팀장인 남성 ××씨이고, 3이 △△씨라고 한다면 이 세 사람은 곧잘 같은 팀으로 출연하는 단골이다. 따라서 세 사람이 모두 예의가 바른 사람들로서 "잘 부탁합니다."라고 말하면 정중하게 머리를 숙여 인사한다.

물론 들어올 때에는 자기 마음내로 들어오지만, 처음의 ○○씨에게 인사를 하면서 나는 마음속에서 '도미가 제일 많이 나는 곳은 에이메현'이라고 중얼거리는 것이다. 그리고 다음의 여성 출연자인 △△씨는 독신이고 미인이므로 공주를 생각하여 에히메의 히메라는 문자와 연관을 시킨다. 여기서도 나만 알면 되는 논리를 앞세우게 된다.

그리고 남성 출연자인 ××씨가 들어오게 되면 나이가 좀 많은 분이므로 옛날의 작은 책을 연상해 버린다. 이렇게 하면 출연자에게 나 나름의 힌트를 모두 붙여주게 되는 셈이다.

문제는 출제 순으로 그 하나하나를 제대로 기억하는 것이 원칙이므로 이에 대한 노력도 해야 한다. 그러나 나처럼 기억력이 없는 사람은 비록 엉성한 수단이라고 하더라도 기억으로 이어지는 길을 더 많이 가지고 있는 편이다. 그래서 원칙대로는 아니더라도 비교적 안심이 된다. 하지만 만약 여기까지 해오면서 착오가 있다면 내 머리의 둔함을 탓하고 체념할 수밖에 없다.

그런데 주의할 것은 "도미, 작은 책, 초등학생"의 도미와 같이 첫 번째 말을 확실히 외워야 한다는 점이다. 이것만 제대로 되면 다음의 두 가지는 노래를 부르듯이 술술 나오게 된다. 즉 1, 1, 4, 7, 10을 특히 외우도록 한다. 이것은 스피치를 할 때의 문장을 나누는 경우와 같다.

> **기억력이란 사항과 그 부대조건을
> 단번에 머릿속에 넣어 버리는 힘이다.**

　기억력은 뇌 속에 새겨지면 그것을 재생하는 양쪽의 작용이 같은 에너지를 가져야만 비로소 이루어지는 것이다. 우리들은 평소에는 상호작용을 의식하는 일은 없다. 만약 어제 무엇을 했는가라고 묻는다면 아침 7시에 일어나 8시에 집을 나왔다고 비교적 솔직하게 하루에 있었던 일을 대답할 수 있다. 하지만 그저께 저녁식사는 무엇을 먹었냐고 물으면 웬만큼 잘 먹지 않은 한 그 자리에서 금방 대답하기란 어려울 것이다.

　설사 좋은 요리를 먹었다 하더라도 그 재료를 생각해내는 것이 아니라 아이의 생일이어서 레스토랑에서 가족들과 함께 외식을 했다든가 하는 부대조건을 계기로 하여 생각해내는 것이다.

　나 자신도 경험하는 일이지만 어쩌다가 내가 거리를 걷고 있으면 아무리 색안경을 끼고 모자를 깊숙이 눌러쓰고 있어도 금방 알아보는 사람이 있고, 그와 반대로 전혀 알아보지 못하는 사람이 있다. 이 힘은 여성 쪽이 한결 뛰어나서, 알아보게 되면 인사를 하거나 말을 걸거나, 또 생긋 웃게 된다.

　내 생각에는 30대, 40대, 50대 후반 정도의 남성이 이 점에 대해서는 가장 정직하지 못한 것 같다. 부인보다도 먼저 알게 되어도 나중에 알게 된 부인이 "아, ○○씨"라고 속삭여도 "그런 남자는 난 몰라."하고 쳐다보지도 않는 사람이 있다. 이것은 아마도 중년 남자 특유의 성향으로, 당장은 남과 터놓고 사귀지 못하는 묘한 경쟁의식이 그러한 태도를 취하게 하는지도 모른다.

나는 아침과 저녁, 각각 약 1시간의 산책을 하는 습관이 있다. 가끔 지방의 도시나 거리, 마을에서 이른 아침에 걷고 있으면 지나가는 사람들이 깜짝 놀라는 표정으로 나를 알아보고 멈추는 경우가 많다. 아마도 여기에 있어야 할 사람이 아니라고 생각하기 때문인 것 같다.

그리고 몇 초 후에 "저……!"라고 말하면서 가까이 오면, 나는 그 말을 듣기만 해도 나는 "예, 그렇습니다."라고 대답을 한다. 그러면 "아, 역시 그랬군요!"라고 상대는 말하게 된다. 이것만으로도 알 수가 있다. 그제야 그 사람의 머릿속에는 TV 화면에 나타나는 내가 바로 그 눈앞에 있는 나와 일치한 것이다.

즉 우리들은 일상생활에서는 별로 기억을 필요로 하지 않고 살고 있으며, 필요할 때에는 그 사항을 직접 생각해 내거나, 그 전 한두 가지의 단계를 밟고 나서야 기억에 도달하는 경우도 있다. 그 계기는 마치 동창회에서 나는 아무개라고 말하면 비로소 생각나는 것과 같이 남으로부터 제공되어야만 비로소 생각이 나게 되는 것과 같다.

기억력이란 사항, 그 자체만의 경우도 있지만 사항과 부대조건을 한 번에 머릿속에 넣어버리는 힘을 말한다. 그리고 이 부대조건을 강하게 하는 것이 기억력을 높이는 것이라고 해석해도 좋을 것이다.

그런데 인간은 십인십색(十人十色으)로 각각 흥미나 관심, 성격 등이 다르며 또 기억을 필요로 하는 경우도 다를 것이다. 그러므로 이 방법이 부대조건을 강화하는 방법이라고 모든 사람에게 말할 수는 없는 것이다. 학창시절의 테스트로는 하나의 문제에 하나의 답을 쓰면 되었던 것인데 인생에 있어서 기억은 인간관계와 그 외적 상황이 서로 얽혀있으므로 하나의 답만으로는 처리할 수 없을 때가 많기 때문이다.

「퀴즈-재미있는 세미나」가 완성될 때까지를 재현하면

이를테면 앞에서와 같이 내가 출제 순서를 기억했다고 해도 나는 그것을 그대로 말하는 것은 아니다. 물론 겉으로는 아무것도 나타나지 않는다. 그보다도 곤란한 것은 모처럼 연쇄적으로 기억한 출제 순서를 진짜 방영할 때에는 중단되어 버리는 것이다.

실제로 「퀴즈-재미있는 세미나」를 재현해 보도록 한다.

나는 화요일 밤에 자료를 읽고, 수요일 아침 8시경부터는 「안녕하십니까」라는 프로그램의 자료를 읽어야 한다. 오후에는 다시 필요하다면 각 방면으로 취재를 하러 나가고 프로그램 내용에 대한 확인을 더 깊게 한다.

수요일 밤, 대본을 받아 출제 순서를 외우거나 「안녕하십니까」에서 무엇을 물을 것인가를 생각한다. 목요일 아침 「퀴즈-재미있는 세미나」의 대본과 자료를 다시 확인하고 정오에 집을 나선다.

테스트를 할 때에는 자료의 내용은 거의 사용하지 않고 출제 순서로만 진행을 하는데, 이 동안에 출연해 준 학생들의 반응을 보고 '이것은 진짜 방영할 때에 웃지 않을까.' 또는 '이 부분은 천천히 설명하지 않으면 모르지 않겠는가.'라는 오직 프로그램의 분위기를 만들 것을 속으로 계산하는데 노력한다.

자, 큐.

주제음악.

박수.

"안녕하십니까, 여러분. 안다는 것은 즐거움이라고 합니다. 따라서 지식을 많이 갖는다는 것은 인생을 즐겁게 하는 것입니다. 나는 이 프로그램의 주임교수입니다. 그러면 오늘 출연할 학생들을 소개하겠습니다. 우선 ○○씨 팀, ××씨(여기서 출제 순서를 재빠르게 머릿속에서 확인한다)."

"전국 시, 도, 군 중에서 도미가 가장 많이 잡히는 곳은 세도나이까이에 접한 에히메현이다. 사실인가, 거짓말인가?"

"거짓말(박수)"

"1984년의 전국 도미 어획고는 천연적인 것과 양식한 것을 합쳐서 53013톤이었는데, 1위는 나가사키현이며 11378톤이고, 2위가 에히메현으로 7015톤, 3위가 구마모토의 6044톤이었다. 이제 알았습니까?

그러면 다음에는 그쪽 팀장 ○○씨(여기서 다시 한 번 '도미 작은 책'을 재빠르게 암송한다)."

> **인간은 항상 기억이 교착하여 지속성을 잃고 있다. 그러나 인간의 뇌는 거뜬하다.**

　이와 같이 비록 '도미 작은 책, 초등학생'이라는 순서를 외우고 있더라도 도미와 작은 책 사이에 도미의 어휘고에 대한 숫자를 기억해두지 않으면 안된다. 그리고 이 숫자는 도미·작은 책과 같이 5박자로 외우는 경우도 있고, 자기 마음대로 기억하거나 또는 시각(그림 그리는 마음), 즉 눈으로 보아 인상을 짙게 하기도 한다. 이것은 다음 장에서도 다시 언급하겠지만, 하나의 기억과 다른 기억은 항상 교착하고 있는 것이다. 이것이 프로그램이 끝날 때까지 계속되어 간다.

　우리들의 생활도 그렇다. 아침에 일어나서 학교나 직장으로 가고 공부나 일을 하게 된다. 또는 집에 남아 가사를 돌보기도 한다. 이러한 것들은 습관이라든가 사회생활이라는 명칭으로 바뀌어 진 기억이다. 비록 같은 길을 아침, 저녁으로 왕복한다고 해도 그것은 기억되어진 것으로, 반은 본능적으로 걸을 수 있게 되는 것이다. 반면 학교의 공부는 매일과 같이 새로운 기억이 축적되어 가는 기회이므로 실제로는 시험이 끝나면 그 상당 부분은 잊어버리게 된다. 초등학교를 졸업했는데도 어른이 되면 5학년 수학을 거의 모든 사람이 할 수 없게 된다.

하지만 앞에 있었던 것을 잊어버리므로 새로운 것을 외울 수 있게 된다고도 말한다. 그리고 인간의 뇌는 그와 같은 많은 사항은 들어갈 수 없는 것이라고도 말한다.

그러나 우리들은 기억하려고 노력한 경험은 있지만 잊어버리려고 노력한 경험은 없다. 그것은 자연히 잊어버리게 되는 것이다. 나쁜 일을 만나거나 불행한 일을 당하게 되면 나쁜 꿈을 꾸었다며 빨리 잊어버리는 것이 좋다고 충고한다. 하지만 이런 일은 아무리 잊으려고 해도 그러면 그럴수록 인상은 더욱 깊어지고 불행을 불러오게 된다. 오히려 두 번 다시 이러한 경우가 되지 않도록 반성하고 그것을 이겨내는 새로운 목표를 서로 협력하여 찾아주는 것이 참다운 친절이다.

인간은 사회에 나가면 학창시절과 같이 정해진 환경에서 생활하는 것이 아니라 인간관계도, 일도 복잡하게 되고 변화하게 된다. 따라서 기억도 그와 같이 지속하려고 해도, 그 자리에서만 필요한 기억으로 끝나버리고 지속성을 잃게 되는 것이다. 대신 그 자리에 따라 다시 조사를 하면 금방 알게 된다.

그러므로 벌써 기억할 필요는 없어진 시대가 되었다고 주장하는 사람도 있고, 많은 사람들이 컴퓨터나 기계 만능을 고취하고 있는데 나는 이에 대해 반대한다.

인간의 뇌야 말로 최고의 기억기능이라고 하는 자부심을 인간 스스로 포기해 버린다면, 인간은 단지 숨 쉬고, 먹고, 자식을 낳는 기계로 전락해버릴 것이다. 컴퓨터에 소프트웨어를 입력시키는 것은 인간의 두뇌이며, 전자계산기를 두드리는 것은 인간의 손가락이다. 다만 전기가 인간의 손가락보다 빨리 움직이고 있을 뿐이다.

그러나 안타깝게도 인간의 기억은 잃어버리거나 중단되기도 한다. 컴퓨터는 어떤 일정한 목표밖에 달성하지 못하므로 기억이라기보다는 하나의 암기에 지나지 않는다. 반면 인간은 기억을 하되, 그 기억은 상실하거나 단절되는 수가 있으므로 거기에 유의해야 한다.

제10장
기억력
– 재미있는 연습
: LESSON 2

> **기억은 상대와 자신에게 만족을 주어야만
> 비로소 목적을 이룰 수 있다.**

　나는 자료를 정확하게 기억하지 않으면 안된다. 여기서 말하는 것은 실제로 내가 준비한 자료의 수십 분의 일도 되지 않는다. 하지만 이것만으로도 다소 도움이 될 것이라고 생각하므로 순서에 따라 설명하기로 한다.
　1의 도미의 어획고인데, 여기서 중요한 것은 천연적인 것과 양식한 것을 합하는 것으로 이것은 결코 빼놓을 수가 없다.
　기억에 있어서 중요한 것은 기억할 사항의 심(芯)이 되는 것이 무엇인가를 우선 외우는 일이다. 그것을 해놓지 않으면 대답에 의문이 남게 되고, 그 기억으로 대충 때우는 수도 있기는 하다. 하지만 기억은 무엇보다도 노력하여 상대와 자기가 만족을 느끼지 못했다면 그 목적을 이루었다고 말할 수 없다.
　간혹 그저 더듬거리기만 하면서 바로 입 안에서 말이 맴도는 경우가 있는데, 이것은 사람들이 흔히 겪는 일이다. 그때는 본인도 초조하지만 듣는 상대도 매우 안타까워지며, 때로는 일종의 깔보거나 비웃는 마음까지도 생겨버린다. 중년층의 사람에게 그런 경향이 심하게 되면, 이것은 분명 망령기의 전조가 되며 가족들은 모두 불안해지게 된다.
　그것은 기억의 심이나 계기가 되는 것이 잡히지 않기 때문에 그렇게 되는 것이므로 이 1.도미의 경우에는 천연적인 것과 양식한 것의 합계를 주된 테마로 하고 에이메현은 제 2위라는 것이 그 다음 중요한 사항이 되어야 한다.

즉 기본적으로는 '천연적인 것과 양식한 것을 합쳐서 에이메현은 전국에서 제 2위이다' 라고 최저의 조건으로써 이것만은 확실히 말할 수 있어야 한다.

여기서 듣고 있는 사람이 당연히 질문하고 싶어지는 것은 "그렇다면 어디가 제 1위인가?"라는 점이 된다. 그래서 나가사키현을 외워야만 한다. 그러면 답은 "천연적인 것과 양식한 것을 합쳐서 1위가 나가사키현이며, 2위가 에이메현이다."라는 완전한 대답이 나오게 된다.

상대가 알고자하는 사항이나 수를 어떻게 하면 먼저 외워둘 수 있을까?

이 책의 첫머리부터 말해왔듯이 기억은 자기 자신이 하는 것이다. 그러므로 스스로 뭔가를 알려고 하는 태도가 없다면 기억은 성립하지 않는다. 다시 말하면, 자신에 대한 물음을 거듭해가는 것이 필요한 최대의 조건이 된다. "그렇다면 1위는……?"이라고 상대가 알고자 하는 사항을 어떻게 많이 발견하고 그것을 어떻게 자기에게 물어 가는가의 여부에 따라 기억력의 강약 차이가 생겨나는 것이다. 즉 자료를 그저 암기하는 것만으로는 부족하다.

"도대체 어느 정도의 어획고가 있는가?"가 다음의 물음이 될 것이다. 거기서 "나가사키가 제 1위이고, 제 2위가 에이메현으로 7015톤이다."가 된다.

이때 많은 통계표는 첫머리에 전국 합계가 쓰여 있다. 도미뿐 아니라 거의 모든 통계는 첫줄에 합계가 쓰여 있거나 끝에 굵은 글자로 쓰는 경우도 있다. 그러므로 합계에는 누구나 먼저 눈이 가게 된다. 하지만 여기서도 가장 중요한 것은 에이메현의 숫자이므로 그것을 먼저 기억해 두어야 한다.

기억을 흡사 마트에서 물건을 사듯이 멋대로 광주리 속에 넣어버리면 나중에 정리하는 데 어려움을 겪는다. 기억도 자기 나름대로 정리하여 머릿속에 넣어두지 않으면 불필요한 일만 하게 된다. 그렇게 되면 집중력이 떨어지고 기억하는 데에 많은 피로를 느끼게 된다.

숫자든 무엇이든 '문제없다'는 태도로 임한다.

그런데 에이메현의 7015톤이라는 것은 외우기에 매우 어려운 숫자이다. 그것을 빨리 외우기 위한 특별한 방법이 없다. 그렇다고 여기에 얽매이는 것도 별로 좋은 방법은 아니다.

그래서 앞뒤를 보면 전국의 합계와 구마모토현에 0이 있다. 나가사키현과는 7자가 공통되어있다. 나는 앞에서 에이메현이 2위라는 것이 중요 항목이라고 말한 바 있다. 물론 7015라는 숫자를 이대로 솔직하게 외우는 것이 원칙이다. 그러나 외우기 어려운 요소가 포함되어 있다면, 그것을 지탱할 기둥도 또한 필요해지는 것이다.

전국 합계인 53013톤은 5만 톤 안팎이라는 것을 확실히 외워두어야 한다. 도미는 천연적인 것과 양식한 것이 약 5만 톤 잡힌다고 하는 지식은 기억을 떠나서 당신의 상식으로 가지고 있다 해도 손해는 없다. 생선장수가 도미를 보았을 때 '이것도 5만 톤 중의 한 마리구나.' 하고 즐거워할 것이다.

3013톤은 앞뒤가 3, 가운데가 01이리는 순서로 되어있으므로 3을 시각적으로 확실히 파악해두면 외우기에 매우 간단한 숫자가 된다.

1위인 나가사키현은 11378톤이다. 나가사키현만이 만 단위이며, 2위인 에이메현은 천 단위이다. 극단적으로 1위와 2위의 차이가 너무 많은 것도 없는 것은 아니지만, 이렇게 1위만이 엉뚱하게 만 단위이고, 2위와 7천 톤 정도의 차이가 나는 것은 외우기 쉬워진다.

기억하는 방법 중 하나의 요점은 여기에 있는 것이다. 사람들이 어렵게 외우려고 하므로 복잡해지는 것이다. 수든 무엇이든 문제없다고 하는 태도로 임하는 것이 바람직하다.

탤런트나 배우들이 긴 대사나 발음하기가 곤란한 대사를 앞에 두고, 이것은 매우 어렵다고 처음부터 생각해버리면 그 대사는 아무리 연습해도 머릿속에 들어오지 않는다. 그러나 '뭐 이까짓 것!' 이라고 생각하면 훨씬 머릿속에 잘 들어오게 된다.

외국어의 단어들도 마찬가지여서 우리말과 다르므로 나는 안되겠다고 체념하지 말아야 한다. 우리말은 한문자 등이 섞여서 매우 복잡하게 되어있지만, 영어는 ABC 26자로 되어있다고 생각하고 착수하는 것이 오히려 편하게 외우는데 도움이 된다.

그래서 11378톤 중 1만 톤 대는 오직 하나의 현 뿐이라고 하는 것을 측면에서 외우고, 다음은 같은 1이라는 것을 시각으로 파악하여 3은 전국 합계의 53013중에 2개나 있다는 것을 기억한다. 53013과 11378을 위와 아래로 병렬하여 써보면 잘 알 수가 있다.

그리고 78은 서로 이어져있는 수이므로, 78의 7을 잊어버릴 것 같으면 그 위의 113이 홀수뿐이므로 1+1+3=5 가 되며, 이 5는 뛰어넘고 다음 홀수인 7이 온다고 외워두면 된다. 이렇게 하면 7이 인상에 남으므로 에이메현의 7015의 7은 금방 생각이 날 것이며, 다음은 01과 같이 이어지는 숫자, 여기에 이어지는 15라는 수는 외우기가 매우 좋은 수이므로 머릿속에 훨씬 들어가기가 쉽다.

이렇게 되면 계속해서 그 방법으로 구마모토현의 6044도 넣어버린다. 공통되는 0과 다음에는 6과 4의 짝수뿐으로, 게다가 44는 같은 수이다. 여기서 재미있는 것은 다른 짝수는 나가사키현의 끝머리에 있는 8뿐이며, 이것을 4+4=8 로 관련시켜 인상을 지을 수가 있다.

이러면 소리를 내건 내지 않건 관계없이 기억은 완성이 된다.

하지만 말로 정리를 해보면 이렇게 될 것이다.

"1983년도의 도미 어획고는 천연적인 것과 양식한 것을 합쳐서 전국에서 53013톤이었는데, 1위가 나가사키현으로 11378톤, 2위가 에이메현이며 7015톤, 3위는 구마모토현의 6044톤이었다."

숫자를 말로 해본다.

 전체를 정리하기 위해 '1위인 나가사키현'과 '2위인 에이메현'은 좀 강하게 말하고, '3위는 구마모토현'을 좀 약하게 말한다. 이렇게 하면 숫자를 말하고 있는 것이 아니라 말 속에 숫자를 넣어 숫자가 아니라 말을 하고 있다는 인상을 깊게 하게 된다.

 이런 말을 하면 매우 복잡하다고 생각할지 모르나, 이것이 익숙해지면 통계의 숫자를 보기만 해도 방법이 떠오르게 된다. 그것을 자기만의 방법으로 실행하면 되므로, 이렇게 해서 읽으면 어려움이 없어지게 된다.

기억은 머리만으로 하는 것이 아니라 손가락으로도 한다.

 '옛날의 작은 책' 문제에서 잊지 말아야 할 것은 '겨자씨책'이라고 하는 명칭이다. 이것만은 반드시 머릿속에 작은 겨자씨를 그리면서 외운다.

 그리고 다음에는 그 겨자씨를 차례로 점차 크게 하여 참깨, 쌀,

밀, 콩, 강낭콩으로 상상해간다. 이 때 중요한 것은 겨자씨부터 강낭콩까지 모두 여섯 가지가 있다는 사실을 반드시 확인해 둘 필요가 있다. 그런데 중간에 빠지거나, 잘못하여 뛰어넘게 되면 수가 맞지 않게 되므로 우선 이 점에 주의할 필요가 있다.

이 때 나는 손가락 끝을 사용한다. 손을 허벅지 위에 놓고 겨자씨라고 말하면서 엄지손가락 끝에 힘을 주어 허벅지를 누른다. 그 자세대로 다음에는 참깨라고 말하며 집게손가락으로 누른다. 이와 같이하여 콩까지 가게 되면, 새끼손가락에 닿게 되며, 맨 나중의 강낭콩에서는 새끼손가락의 힘을 뺀다.

기억은 결코 머리만으로 하는 것은 아니다. 몸 전체를 사용해서 하는 것이다. 모기에 발등을 물리게 되면 가려워지는데, 발등만 가려움을 느끼는 것은 아니다. 온몸의 어디를 물려도 가렵게 된다. 그러므로 모기가 날아오면 인간은 모기를 잡으려고 하는 것이다. 발등을 물려서 가렵다고 발등으로 날아온 것만을 잡는 것은 아니다. 모기에 물려 가려웠던 기억이 인상 지워져 있으므로 잡으려드는 것이다. 온몸의 어디에도 기억이 행해지는 가능성은 있게 마련이다.

자기만의 생각이 독창성으로 이어지게 된다.

다음 책의 크기에 대한 문제는 1변의 길이로 비교하여 결론은 쓰여져 있다. 우선 겨자씨책이 1.5cm라는 것은 확실히 외워두어야 하는데, 겨자씨책은 1.5이므로 외우기가 쉽다. 다음의 참깨책은 2.3cm인데 이것은 겨자씨책의 5mm를 기억하고 있다면, 2+3=5이므로 기억은 이어지게 된다.

쌀책의 3.2cm는 참깨책의 2.3cm를 거꾸로 한 것이다. 그리고 밀책의 4.6cm는 짝수만 늘어져있고, 쌀책의 3과 2를 거꾸로 하여 2와 3으로 하면 그 2배씩이 된다.

콩책의 6.5cm는 밀책의 6mm의 6과 공통되며 65로 이어지는 숫자이고, 강낭콩책의 9.2cm는 콩책은 6+5=11로서 9.2의 9와 2를 합하면 이것도 11이 된다. 이러한 생각들은 자기 혼자만 알고 있으면 되는 것이므로 거기에 특별한 이유는 없다.

자기만 알면 된다고 하는 생각은 남에게는 없는 생각이기도 하다. 즉 독창적인 생각인 것이다. 여기서 분명히 단순하기는 하지만 남과는 다른 두뇌의 작용을 자기 스스로 하는 것이다.

 이 책에 쓰여 있는 것은 처음부터 몇 번이고 거듭 말했듯이 어디까지나 나 자신의 방법이며, 나는 그것을 참고로 하여 쓰고 있는 것에 지나지 않는다. 따라서 결코 당신의 방법은 아닌 것이다. 만약 당신이 이 책을 읽고 나서 나와 같이 모든 것을 해보려고 하면 그것은 당신의 두뇌의 활동을 구속해버리게 될 것이고, 당신은 단지 나의 방법을 기억하는 데에 열심일 것이다. 그것은 잠시 기억에 도움이 될지는 모르지만 진짜 기억력은 되지 않는다.

 나는 무엇을 기억하고 있으면 좋은가를 쓰고 있는 것은 아니다. 기억력이라고 하는 에너지를 가져오는 최초와 최후의 나 나름의 수단을 말하고 있는 것이다.

 나의 이런 방법은 나의 뇌를 재빨리 작용시키는 에너지가 된다면 그것으로 족할 뿐이다. 독창적이 아니라고 하여 기억을 낮게 평가하는 경향이 최근에 있는 것 같은데 독창성이 없이 기억은 없고, 기억이 없는 독창성이 있을 리가 없다.

39.1%, 23.6%, 이런 숫자를 어떻게 외우는가?

 세 번째 문제의 '학급에서 인기가 있는 아이'의 자료에는 소수점 이하의 수가 나오는데, 이것도 역시 마찬가지로 다만 소수점이 중간에 들어있다는 것만 잊지 않으면 된다.

우선 재미있는 아이 39.1%는 인기가 있는 아이에 선발되어 39가 되고, 39+1=40이므로 전체로는 40이 되는구나 하고 생각하면 39.1%는 금방 외울 수가 있다.

사이좋게 지내는 아이 23.6%는 앞의 39.1%에 연관을 시켜야 한다. 나의 경우를 예로 든다면, 나의 생일은 1월 23일인데 이것은 나의 고유의 숫자이다. 1월의 1과 2와 3을 합하면 6이므로, 23.6%가 되어 이것을 외우기는 매우 수월하다. 또 2×3=6이라고 구구단으로 외워도 좋다.

스포츠를 잘하는 아이의 13.4%는 1+3=4이며, 공부를 잘하는 아이의 8.1%는 앞의 숫자 1+3+4=8로서 0.1%의 1은 최초의 39.1%의 1과 같다. 여기서 소수점 이하의 숫자를 합치면 1+4+6=11이 되어 1이 강한 인상을 갖게 된다. 이렇게 처음의 39만 외우고 있으면 다음은 막힘없이 외울 수 있게 되어있다. 다음은 그 자리에 따라 사용하는가, 사용하지 않는가의 판단을 임기응변으로 해 가면 되는 것이다.

네 번째 문제인 수분이 가장 많은 것은 '무'라고 하는 문제에서는 채소의 수분이 우선 머리에 들어가지 않으면 안된다. 그리고 하나하나의 채소 이름을 이 순서에 따라 머릿속에 그려간다. 말로는 오이, 머위, 동아박, 배추가 되며 글자 수는 2,

2, 3, 2가 되는데, 여기서 동아박을 그냥 동아라고만 말하면 2, 2, 2, 2가 된다. 이렇게 되면 외우기가 한결 쉬워질 것이다.

그런데 숫자로 된 답만은 확실히 머릿속에 넣어두어야 하는 것이 하나의 철칙이다. 무조건 외워두어야 한다. 문제를 한 가지 뛰어 넘어 앞에서 말한 문제 중에서 영화관의 수가 인구 10만 명 당 가장 많은 것은 아오모리현이라는 것도 그 전형이다.

이것은 '맞다'가 정답이므로 아오모리현의 2.69는 바로 답이 된다. 여기서 다소 고생스럽더라도 2.69만은 억지로 꼭 머릿속에 넣어두어야 한다.

다음에는 모두 2가 기준이 되며 필요한 것은 소수점 이하이다. 그러나 2위인 이야자키현은 2.64로서 1위인 아오모리현과 0.05의 차이가 나고, 3위의 야마가타현은 미야자키현과는 0.10의 차이가 난다. 5나 10은 기억하기 쉬운 숫자이므로 답을 말하면서 그저 머릿속으로 뺄셈을 해가면 된다. 혹시 틀릴 것 같으면 1위인 아오모리현의 2.69의 69는 6×9=54로서 3위인 야마가다현의 2.54와 같으므로 여기서 다시 확인하면 된다. 이런 식으로 관계되는 곳을 설정해가는 것도 하나의 좋은 방법이 아닐까 한다.

4위인 홋카이도의 2.47은 걸고 외울 데가 없다. 하지만 그렇다고 이것만 생각할 것이 아니라 그것을 뛰어넘어 5위인 오키나와현으로 가면 2.46이다. 이것은 2, 4, 6의 순이 된다. 여기에 0.01을 더한 것이 4위인 홋카이도이다.

왜 이렇게 거꾸로 외워가는 것일까? 나는 이것을 마치 연극의 대사와 같다고 생각하고 있다.

훌륭한 연극의 대사는 교묘하게 연쇄되어 기억하기 쉽게 되어있다.

나는 대학시절, 특히 대학 2학년 때에 자원하여 서양연극사를 연구하고 특히 희곡사를 두루 섭렵했다. 물론 이것은 번역물이지만 그 호화본이라고 알려진 「근대극전집」 53권을 사다가 닥치는 대로 읽었다. 그리고 전쟁이 끝난 지 얼마 안 된 무렵이었지만, 셰익스피어의 전집을 비롯하여 그리스 연극, 괴테, 실러, 프랑스 연극, 표현파, 미래파와 같이 손에 넣을 수 있는 서양 희곡이라면 모조리 구해다가 읽었다.

거기서 하나의 연극 기법을 얻을 수 있었다. 그것은 어떤 대사와 다른 대사의 관계를 얼마나 세밀하게 알 수 있는지가 명연출가와 명배우들의 기본적인 조건이라는 사실이었다.

이 대사는 바로 앞, 또는 각본의 몇 페이지 앞, 때로는 개막 직후의 대사와 깊은 관계와 심리적인 관련을 가지고 있다든가, 반대로 십 수 페이지 뒤나 최후의 장면에서 나올 대사의 복선이 되어있다는 것을 찾아내는 것이다. 단순히 스토리 뿐만 아니라 오직 하나인 "이것은……?" 정도의 말 속에 어느 정도의 의미를 가지고 있는가를 직관적으로 찾아내는 사람이 훌륭한 연극인이 될 수 있었던 것이다. 그로 말미암아 좋은 무대가 만들어지며 또 좋은 연극이 연출되는 것이다.

간혹 TV 드라마에서 속이 상할 정도로 저질스럽게 느껴지는 것은 그 대사가 모두 그 자리만의 말로 끝나버리기 때문이다. 그리고 하나의 대사, 하나의 작은 연기의 의미나 구성과의 관계를 스스로 파악할 수 있는 연출가와 배우가 너무 적기 때문이다.

물론 기억은 그 사항이 단독적으로 이루어진 경우도 있다. 하지만 내가 이 책에서 지금까지 장황하게 말해온 것과 같이 연쇄반응에 의해 지탱되고 있는 면도 적지 않은 것이다. 그렇다면 그 연쇄반응을 이용하는 것이 기억을 하는 데에 도움이 되지 않을까 한다.

이를테면 앞의 문제에서 아홉 번째인 초등학생의 골절 자료를 보더라도 10월에 104건의 사고가 있었다. 이것은 10월의 10과 104의 앞 두 자리인 10은 서로 공통되어 있으며 학교는 해마다 4월에 시작되므로 이 4를 여기에 붙여주면 외우기가 쉬워진다. 그리고 5월은 96건인데 이 96이라는 숫자는 앞에서의 채소 문제에서 3가지나 나와 있으므로 머릿속에 박혀있을 것이다. 그러므로 굳이 외울 필요는 없다. 이런 점이 연극으로 말하면 각본의 전부를 파악하여 생각한다는 점과 일맥상통 한다고 할 수 있다.

내가 문제를 방송시간의 진행에 맞춰 외우려하지 않고, 인간으로서 새로운 지식을 얻는 즐거움을 바탕에 두고 자료를 읽는 것도 이러한 때에 도움을 얻기 위해서이다.

문제의 순번을 외우는 것은 사회기술에도 속한다. 나는 36년간이나 이런 일을 하고 있으며 이제 이것은 하나의 습관처럼 되어버렸다. 우리와 같이 울기를 좋아하는 국민들은 눈물이 나는 프로그램은 모두 좋은 프로그램이라는 평가를 내린다. 그런데 프로그램 속에서 사람들을 울리는 것 또한 하나의 재주이다. 이것을 여기만 건드리면 사람들이 틀림없이 울게 될 것이라고 하는 육감은 웬만하면 누구나 다 가질 수 있는 것이다. 그러면 사람들에게 '저 프로그램은 좋았다.'라는 평판을 얻게 되는데, 우리들은 반대로 뒤에서 그저 싱긋 웃고만 있는 것이다.

사람들을 울리는 것보다 오히려 웃기는 것이 훨씬 어렵다. 젓가락이 떨어져도 웃는다는 나이의 아가씨들만을 억지로 모아놓고 웃기는 것과는 달리 TV 앞에 앉은 사람들을 자연스럽게 웃게 할 수 있는 사람은 많지 않을 것이라고 생각한다. 게다가 웃기는 프로그램은 저속한 프로그램이라고 평가

받고 있으므로, 그러한 고등기술은 차라리 배우지 않는 편이 낫다. 하지만 어려운 것만 피해서 지나가고 있다면 진보를 바랄 수가 없다. 남이 하지 않은 것을 찾아내서 자기 것으로 만들어버리는 근성이 없다면 프로그램뿐만 아니라 무슨 일을 하더라도 그저 평범하게 끝나고 말 것이다.

기억의 양이 많고 적음은 인간의 삶의 차이가 된다.

인간에게 있어서 중요한 것은 비록 작은 것이라도 자기의 내면에 있는 능력을 끌어내려고 노력하는 것이다. 그리고 그 노력은 언젠가는 반드시 열매를 맺을 것이라는 생각에서 결코 스스로 절망을 해서는 안된다는 점이다. 기억은 인간이 인간답게 존재하는 것을 확인하는 커다란 요소이다. 치매에 걸린 노인들을 보면 몸이 튼튼한 것이 오히려 불쌍하게 느껴지고, 뼈만 남은 인간에게 깊은 동정과 슬픔을 느끼게 된다. 건강과 질병의 갈림길이 먹을 수 있는가 아니면 먹을 수 없는가에 있다고 하면 기억의 양의 다과도 인간의 삶의 커다란 목표가 된다.

어쩌다가 눈에 띈 작은 일 중에서 마음을 움직이는 것을 찾을 수 있었을 때 그것은 상당히 선명한 기억으로 남게 된다. 앞에서 말한 퀴즈 문제의 10번째의 초등학생의 반은 할아버지의 이름을 모른다고 한 것이 그 예이다.

이것은 내가 쓴 저서 속에서도 수십 년 전부터 우리 가족들의 모습 속에서 거듭 의문을 품었던 주제이기도 하지만 스태프가 가져온 자료와 일치하는 것을 보고 나도 깜짝 놀라지 않을 수 없었다.

전쟁 후 18년간 3천만 명이 농어촌을 나와 도시로 집중되었고, 가족 수는 4명으로 줄어 그야말로 핵가족이 되어버렸다. 다른 나라 같으면 백년 정도 걸렸을 일이다. 그리고 4명에서 3명이 되는 데에 거의 12년이 걸렸다. 5명에서 3명으로 변화하는 데 보통은 200년이 걸리는데 우리는 불과 30년 동안에 이런 현상을 나타내게 된 것이다. 생각해보면 매우 두려운 일이다.

그 결과가 어떠했는가는 여기서 새삼스럽게 말할 필요도 없다. 우리의 가족은 호적만으로 이어져있다고 외국의 조사단으로부터 혹평을 받았고, 가족 간에 마음의 이어짐이 전혀 없다고 하는 상황이 지적되고 있다. 그런데 실은 그나마 호적상으로는 관청의 장부에 기재되어 있지만 이 문제에서와 같이 조부모의 이름을 알고 있는 아이들은 반밖에 되지 않는 것이다.

이 사실은 매우 우려해야 할 현상이다. 그러나 아무리 소리를 높여 외쳐보아도 시청자들의 인상에는 남지 않을 것이다. 이 질문과 대답을 들은 뒤에 가족들 중에서 얼마나 많은 부모들이 아이들에게 조부모의 이름을 가르쳐주어야겠다는 충동을 일으켰는지는 아직 알 수가 없다.

그렇게 되면 퀴즈에서도, 그리고 사회에서도 하나의 쇼에 지나지 않는다. 이런 일을 사소한 것으로 무시하고 지나치기보다는, 우리가 가져야할 자세로 묻는 정열을 갖지 않으면 안된다. 만약 여기에 무작위로 골라놓은 질문이 이대로 방송에 사용된다고 하면, 나는 그 방영 전후에 단 2~3초 동안이라도 시간을 내서 숙연한 분위기를 유도하고, 이 문제를 한결 돋보이게 연출했을 것이다.

기억하려고 하는 자세가 의욕의 원천이 된다.

기억이라고 하면 기계적으로 무표정하게 행하는 것처럼 착각해버리는데, 이제까지 당신의 마음속에 깊이 남아있는 사람이나 사건은 결코 무미건조한 속에서 인상 지워진 것은 아닐 것이다. 오히려 평소와는 상당히 다른 분위기나 정감이 있었을 것이라고 생각된다.

여기서 앞에서 말한 12가지 질문과 해답을 기억하고 그것을 말할 때, 그것을 담담하게 머릿속에서만 처리하는 것은 원칙이다. 하지만, 여기에는 상당한 극기심이나 냉정함이 있어야 한다. 사람의 성격에 따라 다르기도 하지만 이성적으로 긴 시간을 보내는 것은 매우 고통스러운 일이다. 무언가에 열정적으로 빠져있는 쪽이 오히려 훨씬 쾌적하다.

불과 12가지 문제와 답을 기억한다고 하는 짧은 시간 속에서도 자기 자신을 기억 쪽으로 향하게 하는 연출이 필요한 것이다.

알기 쉽게 말하면 이 할아버지의 이름 문제를 하나의 중점으로 가지고 가는 것이다. 거기에는 그 이전의 질문은 가능한 한 속도를 빨리하고 여기서 듣는 사람의 마음에 호소하는 연출을 취하면 된다. 이것이 몇 번째에 오더라도 연출은 마찬가지이다.

여기까지의 자료를 외우는 것은 별로 즐거운 일은 아니며 앞으로도 아직 10가지 이상의 문제와 수많은 양의 자료가 기다리고 있다. 따라서 전체의 줄거리나 세세한 연출도 계산하지 않으면 안된다. 이것을 모두 문자와 말과 수와 감으로 하려는 것은 무리한 일이다. 이것을 끌어당기는 원동력이 되는 무언가를 나 자신의 내면으로부터 바라고 있는 것같이 느껴진다.

이런 바람이 많으면 많을수록 일은 더 즐겁게 될 것이다. 그리고 그것은 이런 식으로 이 할아버지의 문제 하나만으로도 강한 충격이 될 것이다. 요즘 유행하는 말로 표현하자면 이것은 의욕의 원천이 되는 것이다. 기폭제는 작아도 된다. 원자폭탄은 저 하늘을 향하여 뭉게뭉게 피어오르는 원자구름만큼 많은 양의 폭약으로 폭발시킨 것은 아니다.

기억하려고 애쓰는 것은 재미없는 작업이지만, 인간에게는 고통스럽지만 좀 더 오래 살아보겠다고 하는 마음이 없으면 자기의 가능성이 넓어지지는 않는다. 그러기 위해서는 기억하려고 하는 재료 속에서 하나라도, 또는 두 가지라도 자기를 격려해주는 소재를 찾아내서 즐거운 일로 바꾸는 것이 필요하다.

유쾌한 기억을 사이에 끼워서 즐거운 리듬을 만든다.

앞에서 말한 12번째의 문제 '이솝이야기'는 유쾌하게 외울 수 있는 문제이다. 잠깐 한숨만 돌리고 말을 하면 듣고 있는 사람도 틀림없이 미소를 짓게 될 것이다.

어조로는 '사자, 여우, 개, 당나귀, 늑대'로 모두가 2음절로 되어있는데, 개와 당나귀만은 1음절과 3음절로 되어 있다. 이 개와 당나귀를 2음절로 고치면 $2 \cdot 2 \cdot 2 \cdot 2 \cdot 2$가 된다.

이솝이야기는 414화의 이야기가 있으므로 이것을 설명하는 쪽에 사용할지, 질문하는 쪽에 사용할지가 중점이 된다.

"이솝이야기에서 가장 많이 등장하는 동물은 당나귀이다."

"414화의 '이솝이야기' 중에서 가장 많이 등장하는 동물은 당나귀이다."

이 두 가지를 비교해보면 후자 쪽이 훨씬 알기 쉽고 친절하게 되어있다.

기억은 어디까지나 자기를 위해 하는 것이므로 비록 고통스럽더라도 자기에게 쉽게 할 수만 있다면 쉽게 하는 편이 기억하기에 도움이 된다. 그것으로 마치 오아시스처럼 기억에 리듬이 붙게 된다.

그리고 중간을 생략했으나 질문과 그 순서 및 극히 간단한 자료는 머릿속에 담아둘 수가 있다. 지금까지 여러 가지 수단을 써왔는데 그것들을 제대로 다루어 기억한 사항을 생각해 내는 것은 가능할까? 그것을 한 번 말로 해보기로 한다.

나의 경우 「퀴즈-재미있는 세미나」는 약 40분간에 걸친 프로그램이므로 당일 출근하는 도중에 머릿속에서 "여러분 안녕하십니까?"로 시작해서 맨 끝의 "안녕히 계십시오."까지를 일단 말해본다. 거기까지는 대개 50분이 걸린다. 이것으로 모든 것이 끝나게 된다. 다음에는 스튜디오에 들어가서 자세한 연출 계획을 스스로 계산하여 방영하는 차례가 되면 출연자와 즐겁게 즐기기만 하면 되었던 것이다.

제11장
각계각층 사람들의
기억력을 위하여

학생 여러분에게 — 선택형 문제에 이기려면 스스로 문제를 만들어본다.

   기억력이라고 하면 학생들의 시험 때의 전매특허와 같이 생각되지만 암기와 기억은 중복되는 부분은 있어도 본질적으로는 다르다는 것을 나는 거듭 강조해왔다.

   그러나 암기에 편중하는 것을 피하기 위해 생각해 낸 선택형 문제가 회를 거듭함에 따라 암기를 필요로 하는 출제 방법으로 변해버린 것은 분명하다. 예전에는 단어만 암기하면 되었는데, 지금은 어구를 암기해야 한다는 점이다. 그러니까 짧던 것이 길어졌다고 생각하면 된다.

   이것은 퀴즈와 매우 닮아있다. 퀴즈라고 말해도 단순히 답을 맞히는 퀴즈가 아니라 「퀴즈-재미있는 세미나」와 같이 출제도 매우 짧은 문장으로 되어 있는 것이다. 그래서 이것이 3~4가지 보기에서 선택하는 것으로 출제되어 해답에 있어도 우연히 맞히는 것이 아니라 1분 동안에 이 말을 써서 설명하는 형식의 퀴즈로 되어있다.

   나는 출제 때에 즉흥적으로 1문 1문에 짧은 말을 붙였는데, 4가지 보기를 내면 그 중 3가지는 거짓말이 되는 것이다. 게다가 나는 그것을 참말인 것처럼 말하지 않으면 안된다.

   거짓말과 참말 중 어느 것이 더 편한가 하면 물론 참말을 말하는 쪽이다. 참말은 막힘이 없이 술술 나오게 된다. 반면 거짓말은 역시 내심 좀 가책이 되는 데가 있기 때문인지 어딘가 모르게 중언부언하게 되어있다. 참말이나 거짓말, 늘 다 나의 지식이나 여러 사항에 대한 관찰, 인간의 관습 그 위에서 끌어내어지는 것이다. 즉 말이 되기 직전까지의 나의 기억 속에서 출발한다.

그런데 거짓말은 기억과 기억을 억지로 이어붙이지 않으면 안되므로 아무래도 다소 생각하고 생각해서 말하게 되고, 문장도 중도에 끊어지는 경우가 많게 된다. 그래서 때로는 들통이 날 것도 같아서, 나는 일부러 참말인 것에서 웃음을 띠며 말하고, 거짓말에서 생길지도 모르는 실소(失笑)를 교묘하게 진짜 쪽으로 끌어당기는 공부를 한 일도 있다.

어떤 사람들은 선택형 문제에서 보기가 4개 있을 때에는 3번에 O를 하면 70%의 확률로 정답이 된다고 거짓말을 하고 있으나 나의 경험으로 보면 결코 그렇지만은 않다.

그 이유는 정답은 처음부터 답이 나와 있지만 거짓말은 가능한 한 정답에 가까운 말을 생각해야 하기 때문이다. 따라서 생각하는 사람 자신으로 보아서는 그깃이 잘 먹혀들어 갔을 경우에는 잘되었다는 생각이 들고 주위에 있는 스태프들도 모두 박수를 치게 된다.

물론 기억과 기억을 교착시키는 것은 사실과 사실을 합성하여 거짓말을 구성하므로 재미가 있다. 그래서 두 가지쯤은 생각해 낼 수가 있다. 인간의 심리로써 아무래도 그것을 배열하고 싶어하고, 3번째에 진짜 답을 넣어 4번째는 여러 가지로 궁리하여 또 새로운 거짓말을 짜내는 것은 극히 자연스러운 결과가 아닌가 한다.

  선택형 문제를 이기려면 당신도 그런 문제를 직접 출제를 해보면 된다. 눈에는 눈이기 때문이다. 그렇게 하면 사항을 단순히 암기하는 것만으로는 거짓말을 할 수 없다는 것을 알 수 있게 된다.

  과거에 암기 또는 기억한 사항 몇 가지를 끌어내기 위해서는, 한 사항과 사항이 제대로 연결되어 하나를 끌어내면 줄줄이 따라 나와야 한다. 즉 출제자는 그 문제에 대하여 확실한 지식을 될 수 있는 대로 많이 가지고 있어야 한다. 그리고 거기에 자기의 인생 경험 등을 조합시켜 4가지의 보기를 만들고 있는 것이다.

  이것은 기억에 있어서 매우 중요한 의미를 가지고 있다. 마치 국어의 이해력이 없으면 수학의 응용문제를 풀 수 없는 것과 같다. 훌륭한 수학자가 종종 유명한 수필가가 되는 일이 있는 것도 이 때문이다.

> **자기 마음대로 한 판단으로
> 자기비하에 빠져서는 안된다.**

　내가 채플린, 피카소와 함께 존경하는 또 한 사람의 인물이 있다. 그는 가공의 인물이기는 하지만 시라노 드 벤쥬렙이다. 이는 그가 세상에서도 드문 저능인이라는 점에서 나와 공통되기 때문이다. 그는 뛰어난 검객이며 시인이며 철학자이고, 또 무엇보다도 끝없는 남자로서의 낭만을 사랑한 인간이었다.

　나는 공부를 못한다든가, 머리가 나쁘다든가 자기 마음대로 판단하여 자기비하에 빠진다는 것은 좋지 못하다고 생각한다. 그러나 이러한 것이 젊은 시절의 기억력을 강하게 하는 최대의 에너지가 되기도 한다. 비록 학문이 아니라도 음악이나 스포츠를 잘한다든가, 그 외에 인간이 흥미를 가질 수 있는 모든 것 중에서 뭔가 한 가지라도 집착하여 대개 같은 또래의 사람에게는 지지 않을 정도의 지식을 가지도록 노력하면 된다. 그러면 거기서부터 기억력은 강해지게 된다.

　물론 선천적으로 기억력이 강하다면 좋겠지만, 나는 10대 고등학생 시절 공부는 전혀 하지 못한 대신 남의 일을 돌보는 것이라면 그 누구에게도 지지 않을만한 자신이 있었다. 거기서부터 남의 이름을 외우고, 남의 마음을 알고, 그 자리에 따라 사물을 처리하는 방법을 체득했다. 거기서 나는 적당히는 말을 하지 않는 습관을 인생의 처세법의 하나로 얻게 되었고, 이런 습관이 바로 기억력을 향상시키는 데에 도움이 되었던 것이다.

샐러리맨들에게 ─ 한쪽 손에는 항상 책을

샐러리맨 생활에 있어서 가장 중요한 것은 어떤 일을 당했을 때 얼마나 많은 지혜를 모으는가에 달려 있다. 제 2차 세계대전이 끝난 1945년 무렵부터 부(富)는 아이디어에 의해 생긴다고 말해지게 되었다.

아이디어를 내라, 그것이 지금 온 세계의 모든 조직에서 필사적으로 부르짖고 있는 구호이며, 이것은 어쩌면 앞으로 영겁을 두고 변하지 않을 것이다. 그리고 조직의 손익 유무는 거기서 일하고 있는 사람이 가지고 있는 재능을 끌어낼 수가 있는가, 또는 그것을 신장시킬 수 있는가에 달려있다고도 말해지고 있다.

지혜란 어느 날 갑자기, 이른바 영감으로써 번득이는 경우도 없는 것은 아니지만, 대개는 착실한 지식과 경험, 그리고 판단이 쌓여진 위에 이루어져 가는 것이다.

그런데 샐러리맨에 대한 데이터를 보면 연간 주간지 15권, 단행본 3권이 그들의 책 구입량으로 나와 있다. 이래서는 주어진 일만 하고 거기에 따른 월급만 받는 평범한 월급쟁이에 지나지 않고, 인생은 결국 공허하게 되어 버릴 것이다.

그리고 기억하고 있는 것은 자기의 전문분야의 범위 안에 있는 사항뿐이고, 화제는 자기가 하고 있는 일과 골프, 경마밖에 모른다고 하는 전형적인 요즘의 샐러리맨이 될 것이 뻔한 일이다. 과연 무엇 때문에 우리는 이 세상에 태어났을까!

한 쪽 손에서 책을 놓지 말라. 이것이 내가 만난 기업의 정상들을 비롯하여 우수한 샐러리맨에게 공통적으로 형성된 습관으로부터 알아낸 나의 조언이다.

세상은 물론 규모의 대중소, 또는 관청, 회사를 불문하고 조직 변화의 템포가 매우 빠른 것은 모든 샐러리맨이 날마다 체험하고 있는 사실이다. 조직 속에서 일하는 사람에게 있어서 결코 받아서는 안되는 낙인은 '저 사람은 아둔하다'고 하는 주위로부터의 평가가 아닌가 한나.

얼마 전까지는 여성 사원들이 그랬다. 아무래도 여성 특유의 몸치장이나 결단의 약함, 남성에 비해 일반적인 상식의 좁음 등이 그녀들의 약점이었다. 게다가 결혼이라는 문제까지 곁들이게 되면 조직 속에서 여성들의 행동이나 능력은 남성들에 비해 뒤지는 면이 있었다.

그러나 지금 대부분의 여성 사원은 눈 깜짝할 사이에 이와 같은 약점을 만회하기 시작했다. 주어진 일을 틀림없이 확실히 완성한다는 점에서는 매우 뛰어난 여성만의 독특한 능력을 거점으로 하여 그 우둔함을 말소해 온 것이다.

필요하다고 생각되는 지혜는 그 기억력이 배경에 있다.

그런데 지혜에는 두 가지 종류가 있다. 하나는 과거에 생긴 사실로부터 가져온 확실한 지식이다. 사전이나 백과사전, 모아진 데이터 등이 그에 해당한다. 그리고 또 한 가지는 거기서부터 출발하여 상상하고 또는 창조하려는 힘의 결과로 만들어진 것이다.

이 두 가지 지식 중, 특히 전자의 밑바닥에 강하게 작용하는 것이 바로 기억력이다. 우리가 경영하는 호텔을 더 한층 번영시키기 위해서는 무엇이 필요한가라는 테마가 주어졌을 때 거기에 종사하는 모든 사람들이 생각만 하게 된다면 결코 지혜는 생기지 않을 것이다.

우리 호텔을 철저하게 파헤치고 창립자와 창립연월일, 창건의 정신, 자본금의 변천, 종업원의 수, 객실 수, 설비의 우열, 요리의 취향, 주차장의 넓이, 교통의 편리성, 수지, 그 외에 알고자 하는 테마가 차례대로 사원들로부터 재빠르게 제출되어 필요한 데이터가 모여지면 무리가 되더라도 자기가 관심 있는 부분에 대한 데이터는 숫자의 한자리까지 철저하게 기억해야만 한다.

회의 중에 일일이 데이터를 전원이 몇 번이고 검토하지 않으면 진행이 되지 않는 회의는 소용없는 회의이다.

거기서 발전을 위해서는 주차장을 넓히고 결혼식장을 확충하며, 연회 때의 요리나 비용을 궁리하는 것이 선결문제라든가, 과감하게 가까운 역에서 헬리콥터를 띄워 본다든가 하는 여러 가지 아이디어가 빠르게, 그리고 많이 나오는 것이 바로 조직의 생명이 되는 것이다.

하나의 데이터는 반드시 두 가지 이상의 의미를 가지고 있다.

컴퓨터의 보급과 통계의 증대에 따라 많은 데이터가 숫자에 의해 채워지고 있는 경향은 앞으로도 더욱 심해질 것이다.

나 나름의 숫자를 기억하는 방법은 앞에서도 말했지만, 참다운 의미에서 숫자에 강하다는 사람은 숫자와 숫자의 조합법이나 읽는 법이 뛰어난 사람이다. 모든 사물에는 겉과 안이 있는 것처럼 데이터의 숫자도 반드시 두 가지 이상의 뜻을 가지고 있는 것이다. 따라서 그 숫자와 숫자의 행간의 의미를 살펴보아야 한다.

그 의미는 언어화나 또는 문장화 되어 자기 자신에게도 또는 주위 사람들에게도 이해되는 것이므로, 숫자로부터 출발하여 논리적으로 구성할 수 있는 사람이 앞으로는 능력있는 샐러리맨이 될 것임이 뻔하다. 그러기 위해서는 만화가 아니라 자기에게 있어서 좀 어렵다고 생각되는 정도의 책을 항상 한 손에서 떼어 놓지 말아야 한다.

지하철 안에서 사람들이 읽고 있는 것은 부장, 과장급은 경제신문이고 나머지는 모두 스포츠신문이라든가 기타 오락에 관한 것을 읽고 있다. 왠지 여성 사원으로는 신문을 읽고 있는 사람은 별로 없다. 그런 상황 속에서도 좀 두꺼운 책을 읽고 있는 샐러리맨을 보면 고개가 갸우뚱해진다. 남과 다른 특별한 점이 보이는 사람이야말로 앞으로 발전해 갈 인재인 것이다. 기억력의 강함도 그 중대한 요인이다.

여성 여러분에게 — 남성보다 뛰어난 기억력의 활용을

　기억, 특히 암기하는 능력에 있어서 나는 남성보다도 여성 쪽이 훨씬 뛰어나다고 생각한다. 특히 여성의 최대 무기인 세 사람만 모이면 그 자리가 떠나갈 듯 위대한 힘은 여성이 남성에 비해 비교적 외국어 습득능력에 뛰어나다는 점으로까지 미치고 있는 것이 아닌가 생각한다.

　외국어를 잘 하는 것은 우리에게 상당히 멋지게 보이는 점도 있을지 모른다. 그러나 젊은 여성들의 외국어에 대한 열정과 그 발전의 속도는 남성을 훨씬 앞서고 있다. 여성의 말의 부드러운 리듬감도 말을 외우는 데 있어서 크게 도움이 되는지도 모른다.

　게다가 예부터 우리말뿐만 아니라 어느 나라 말이라도 생활에서 여성은 남성의 반 정도만 말해도 어느 정도 상통한다고 한다. 특히 직업사회에서 우리말은 독특하고 딱딱한 표현이 많이 사용되며, 이것은 거의가 남성들의 말이다. 그래서 여성에게는 제대로 적용되지 않고, 그것이 남녀의 고용 기회 균등의 시대에도 영향을 미치고 있다.

　이에 익숙해지려면 아직 시간이 더 걸릴 것이다. 왜냐하면 그것은 여성의 본질 속에 없고 오로지 대조적인 존재인 남성의 것이기 때문이다. 그러나 여성이 가진 기억력의 장점은 일정한 범위를 나눈 속에서 반복할 수 있는 힘이 뛰어나다는 것에 있다고 해도 좋지 않을까 한다.

어학은 언어라고 하는 한정된 속에서의 기억이다. 프랑스어를 외우기 위해서는 먼저 단어를 기억하고 그것을 문법에 따라 배열함으로써 가능해진다. 그러나 프랑스어를 습득했다는 것과 나폴레옹의 일대기를 읽고 나폴레옹이 어떤 사람이었는가를 안다는 것은 비록 중복되는 부분은 있더라도 어디까지나 다른 차원의 문제인 것이다.

단어 습득의 요령은 뭐니뭐니해도 반복해서 확실히 익히는 수밖에 없다. 외국어는 전혀 모르지만, 그 나라 사람들과 생활을 함께하고 있으면, 자연히 모국어와 같이 배울 수 있게 된다. 이것은 어린 아이들이 외국 생활을 하게 되면 부모보다 빨리 말을 익히게 되는 것을 보면 알 수 있다.

그러나 우리와 같이 외국인과 격리된 속에서 외국어를 배우기 위해서는 반복연습 이외에 다른 방법은 없다. 내 생각에 여성의 특성은 단조로운 반복을 잘 참는 데 있다. 아마 이것이 없으면 갓난아이나 어린아이의 뒷바라지를 할 수가 없을 것이다. 육아란 말할 것도 없이 반복의 연속인 것이다.

> 여성은 신으로부터 받은 훌륭한 기억력을
> 스스로 쇠퇴시키고 있다.

　　내가 기억력의 스승으로 존경하고 있는 사람은 갓난아기와 5세 정도의 어린 아이이다. 이 아이들은 평소의 순간순간이 모두 자기의 인생에 있어서 새로운 것들뿐이다. 그리고 그 대부분을 반복하는 중에서 기억해 가는 것이다.
　　이 원고를 쓰는 동안에 이런 일이 있었다.
　　내 아내가 하와이로 여행을 가게 되었다. 그래서 자기 이름을 정확한 로마자로 써보라고 하기에 나는 처음으로 알파벳을 배운 사람처럼 한자 한자 꼼꼼히 써 주었다. 그것을 네 살배기 손녀가 곁에서 보고 있었다. 재미있는 듯이 바라보며 "이거 영어야?"라고 물었다. "그렇단다."라고 대답하자 나에게서 종이와 볼펜을 빼앗다시피 하여 내가 쓴 문자를 보면서 1분도 채 되기 전에 그대로 써버렸다. 태어나서 처음으로 영어를 쓴 것이다. 내가 "잘 쓰는구나."라고 칭찬을 해주자 다음에는 포장지 등에 인쇄된 영어를 방금 한 대로 오른쪽에서 왼쪽으로라고 중얼거리며 오랫동안 노는 것이었다.
　　흥미를 갖는다는 것이 기억의 첫 출발점이 된다는 사실을 이토록 확실히 보여준 것은 없었다. 이와 같이 어린 아이의 뛰어난 체험과 기억을 어머니는 날마다 가까이에서 보고 있는 것이다.

그런데 가정 안에서 이를테면 쓰는 문자는 언제나 똑같은 가계부의 글씨뿐이며 연락은 편지 대신 전화로 하게 되고, 책이나 신문을 읽는 것보다는 TV를 보고 시간을 때우게 된다면 기억력은 금방 감퇴해버린다.

확실히 가정주부들이 TV를 통해 세상의 일을 가장 잘 알고 있다고 한다. 그러나 한쪽에서 기억하는 에너지가 소모되어 버린다면, 그것은 알고 있는 것이 아니라 바라보고 있다고 평을 하는 편이 차라리 나을 것이다.

옛날이야기를 해 준 사람의 대부분이 할머니였던 것과 같이 여성에게는 뛰어난 기억력이 있다. 신으로부터 부여된 이 능력을 오랫동안 계속 지속시키지 않으면 그야말로 그런 손해가 없을 것이다.

기억은 반복하는 과정에서 만들어져 가는 것이다. 반대로 같은 것을 꼭 처음인 것처럼 반복하여 말하게 되면 그것은 머릿속에 있는 적은 기억을 조작하고 있는 것이다. 이는 분명 기억력 그 자체는 떨어져 가고 있다는 증거가 되기도 한다.

어린 아이가 기억하기 위해 반복하고 있는 것과 부인들이 똑같은 잔소리나 한탄을 남편이나 성장한 아이들에게 몇 번이고 되풀이하는 것과는 반대의 현상이다. 여성으로서 아름답게 살아가기 위해서도 항상 새로운 기억을 뇌 속에 심어 주어야 한다.

중·노년층에게 — '그게 뭐더라?'라는 말이 불어날 뿐이다.

남녀를 불문하고 40세를 지나면서부터 '에, 에' 하고 어물거리는 사람이 많아지며, 생각하는 말이 바로 목 안까지 나와 있는데도 여간해서 밖으로는 나오지 않는 경험을 해보았을 것이다. 그 때가 마침 돋보기를 써야 할 무렵이다.

어쩌면 이 책을 보게 되면 조금은 이 현상을 막을 수 있을지도 모른다. 중·노년층의 사람들은 말 속에 '음, 그것이 뭐더라?'라고 망설이는 일이 많아지며, 그 초조함을 '오랫동안 함께 살고 있는데도 왜 저런 것을 모를까?' 하고 책임을 상대에게 전가하기도 한다.

나는 모두가 '그러한 경향을 갖게 되는데, 왜 당신은 그렇지 않은가?'라고 요 10년 동안 곧잘 사람들로부터 질문을 받아왔다. 나 역시 잊는 것은 마찬가지이다. 한 번 외웠으면 절대로 잊지 않느냐고 물어오지만, 기억하는 사항이 다음에 그것이 필요한 장면에서 재현되는가의 여부로 기억의 여부가 결정되는 것이기 때문에 나는 거기에 대해서는 '예'라고도, '아니오'라고도 할 수 없다.

다만 나는 비록 잊어버렸다 하더라도 그것을 그대로 두지 않는 습관이 있다. 남의 이름이 생각나지 않아서 망설일 때에는 누구라도 좋으니 일시적으로 이름을 거기에 대입을 해 둔다. 이것은 이러한 이름을 가진 사람이라고 나 스스로 생각해버리는 것이다. 작은 것에 불안을 느끼고 초조해한다면 부질없는 시간의 허비일 뿐이다.

그 대신 생각나거나 또 가르침을 받거나 하여 확인이 된다면, 식사를 하면서나 차를 타고 있을 때와 같이 머릿속에 틈이 있을 때에 '그 사람의 이름은 이러이러했지.' 하고 몇 번이고 그날 중에 반복하여 중얼거리곤 한다.

남의 이름을 잊어버리고 그 자리에서 체념해서는 안된다.

나는 저녁 잠자리에 들기 전에 나 자신에게 다시 한 번 다짐을 한다. 중요한 것은 이 다음에 이번과 같은 기억상실을 거듭하지 않는 일이다.

기억력이 약해졌다고 해서 굳이 비관할 필요는 없다. 확실히 몸에 이상이 있어서 현기증과 같은 일과성인 허혈증이나 뇌혈전의 종양처럼 육체적 결함이 분명하지 않는 한, 기억력이 약해진 것만큼 경험에 바탕한 판단력이 강화되기도 한다. 중, 노년층은 바로 그러한 세대인 것이다.

그러나 '아, 그것. 그것이 뭐더라?'라는 말만 중얼거리는 일이 많아지고 스스로 초초해 할수록, 남의 이름이나 어떤 것을 잊어버리는 소위 건망증이 심해지면 기분적으로도 안정이 되지 않을 것이다.

중요한 것은 그러한 나이라고 간단히 체념하지 말아야 한다는 것이다. 인간은 자기 속에 자기가 가지고 있는 재능이나 능력을 끌어내려는 노력을 항상 게을리 해서는 안된다. 뭔가 노력을 하고 있다면 언젠가는 그에 대한 정당한 보답을 받게 될 것이라고 굳게 믿어야 한다.

비록 진도는 늦더라도 40, 50, 60대까지는 일을 해야 한다.

　60세에 일을 한 옛사람들은 실로 훌륭한 표현을 써서 자기 자신을 격려했다. '이 나이가 되어……' 하고 그것을 부끄럽게 생각하는 것이 자기 자신을 못쓰게 해 간다. 일은 50세라도, 그리고 60세라도 해야 하며, 또 배워야 한다. 진도는 비록 늦을지도 모른다. 나도 30대까지는 어려운 내용의 책도 하루에 100페이지를 읽으려고 마음먹었으나, 내년에 환갑이 되는 나이가 되고 보니 아무리 애를 써도 70페이지도 못 읽게 된다. 때때로 다 읽고 난 페이지를 뒤적이며 반복해서 다시 읽는 경우도 있다. 이것은 인간의 뇌의 생리로써 누구나 어찌하지 못하는 일이 아닌가 한다.

　물론 억지로 젊은 체 할 필요는 없다. 하지만 인간에게는 마치 운동선수가 체력의 한계에 도전하는 것처럼 자기 자신에게 거슬러 살아가려고 하는 기억도 있어야만 한다. 행운유수가 아니라 구름이나 물의 흐름에 거슬러서 자기 자신에게 엄격히 하고, 뭔가를 부과해 가는 것도 산다는 뜻의 하나가 아닌가 한다.

내가 나 자신에게 부과하고 있는 다섯 가지 마음가짐

지금 내가 나 자신에게 부과하고 있는 것은 읽는 일, 그 필요 부분을 기억하는 일, 쓰는 일, 살을 빼는 일, 한 사람이라도 더 많은 사람과 손을 붙잡는 일, 이렇게 다섯 가지이다. 그 중의 하나인 나 나름의 기억력을 향상시키는 방법을 이 책에서 써왔다.

중·노년층에 있어서 예전에 있었던 일을 기억에 걸어서 멈추게 해두는 것도 중요하지만, 오히려 남은 인생에 필요한 것은 '어제는 이러이러한 일을 했다, 그저께는 이러이러한 일을 했다.'라고 오늘과 가까운 과거에 만났던 일이나 지식을 확실히 기억해두는 것이 아닌가 한다. 그렇게 하면 하루하루 뜻이 있는 날이 되고 자신의 인생에 충실해질 것이다.

인간은 죽음을 바라보았을 때야말로 충실하게 살아갈 수 있다.

 50대가 되면 인생의 나머지가 적은 것은 부정할 수 없는 사실이다. 그러나 인간은 죽음을 바라보았을 때만이 충실하게 살 수 있는 것이다. 앞으로 조금밖에 살 수 없다고 비관하는 것이 아니라, 아직도 앞으로 10년은 더 살 날이 있다고 낙천적으로 생각하면 된다. 그러면 이 세상에서의 여러 가지 지식을 배워두고자 하는 의욕이 생기고 기억력도 유지되는 것이다. 태만한 젊은 사람들에게 해야 할 경멸의 말만이 아니다. 젊은 사람들에게는 이런 말이 이해가 가지 않을 것이다. 하지만 중·노년층은 한 번 거기에 안주해버리면 살고 있다는 의미조차도 잃어버리게 된다.
 그것으로 보더라도 자기 스스로 자기의 방법을 찾아서 기억력을 강화하려고 하는 것은 유종의 미를 장식하는 보람있는 행위가 아닌가 한다.

지도적 입장에 있는 여러분에게
― 인간의 아름다운 마음의 세계를 바라는 강렬한 소설을

남녀를 불문하고, 또 규모의 대소에 관계없이 기업 경영자나 또 경영자가 되려는 사람, 지도적 지위에 있는 사람을 만나보면 그들에게 공통된 점은 '이 사람은 머리가 좋구나!'라는 점이다. 참으로 머리가 좋은 사람은 남에 대하여 마음을 쓰는 사람이라고 하는데, 그것은 틀림이 없으며 자기의 머리를 쓰는 한편 남에게도 마음을 쓰는 여유가 있는 것이다.

남에게 명령할 수 있는 입장에 있는 사람은 자기가 직접 하지 않고 부하들에게 명령을 내리면 되는데, 그러기 위해서는 부하가 생각하기 전에 사소한 점까지도 미리 파악을 하고 있어야 한다는 것이다.

영웅, 위인의 전기를 읽으면 알 수 있지만 세계의 역사를 바꾸어 버린 이 사람들에게 공통되어 있는 것은 일상적이고 사소한 일을 차례로 요령있게 처리해 가는 성격을 가지고 있다는 섬이나.

그리고 또 한 가지는 기억의 방법이다. 한 번 기억한 사항을 발효시켜서 원래는 남과 같은 사항을 기억했는데도 그것이 밖으로 나올 때에는 몇 십 배로 불어나게 하는 것이다.

나폴레옹의 유일한 편은 독서였다.

 나폴레옹의 정치력과 판단력, 전략, 전술은 모두가 독서를 통해 생겼다고 말해지고 있다. 사실 그는 9세 때부터 30세 가까이까지 거의 친구도 없었고 오직 독서에만 몰두했었다. 그리고 또 그는 훌륭한 포격수이기도 했다.

 비행기도, 자동차도, 통신기기도 없었던 그 시대에 자신이 스스로 싸움터를 돌아다니며 대국을 지휘하고 제국을 창건했다는 것은 쉽지 않은 일이었을 것이다. 하지만 그의 사전에는 불가능이라는 단어가 없었던 것이다. 이는 그가 4~5시간밖에 자지 않고 오직 독서에 심취함으로써 가꾸어진 청춘시대의 방대하고 강인한 기억력에 있었다고 생각할 수 있다. 그에게는 독서와 기억력이 가장 강한 아군이고 동료였던 것이다.

우수한 지도자와 평범한 지도자의 차이는 소설의 유무에 있다.

 우수한 지도자와 평범한 지도자는 종이 한 장 차이라고

생각한다. 그 차이는 과연 무엇일까?

　우수한 지도자는 아무리 급할 때라도 부하들을 결코 대명사로는 부르지 않는다고 한다. '이봐' 라든가, '너' 라든가, '자네' 라고 말하지 않고 반드시 이름을 부른다는 것이다. 촌각을 다투는 경우에도 그러하다면 평소에는 더 말할 것도 없다. 물론 부하뿐만 아니라 어느 누구를 대하더라도 그렇게 하고 있으며, 어떠한 사항에 대해서도 확실한 기억력과 그것을 순간적으로 행사할 수 있는 강한 두뇌를 가지고 있는 것이다.

　필요가 없는 것은 외우지 않는 것도 기억력을 강화시키는 하나의 근원이 된다. 우리들은 실제 사람들에게 도움이 되지 않을 것 같은 쓸데없는 사항만을 수없이 머릿속에 담아 두고 있다. 따라서 기억력이 강한 사람이란 기억하려고 할 때에 '이것은 필요하다' 라든가, '이것은 필요가 없다' 고 하는 취사선택이 무의식중에 일어나는 사람이다.

　그러기 위해서는 남의 장점을 관찰하는 힘을 기르거나 좋은 것을 보려고 마음을 쓰는 것이 중요하지 않을까 한다. 자기 속에 인간이 가지고 있는 아름다운 마음의 세계를 그릴 수 있는 강렬한 소설을 가지고 있는 것이다. 내가 기억력을 '인간이 지금 자기가 이 세상에 존재하고 있다는 사실을 인정할 수 있는 최고의 소설' 이라고 규정한 까닭도 여기에 있다.

지도자에게는 승리로 향하는 이상과 정열이 필요한데, 그 근원에는 인간의 아름다운 행위나 심정을 느끼고 자기의 두뇌 속에 그것을 확실히 인상지우는 기억력과 그 종합력이 없어서는 안된다. 승리한 바둑판에 배열된 돌은 항상 아름답다고 말해지듯이, 종합된 기억력이란 인간을 아름답게 존재시키는 에너지를 가지고 있다.

머릿속에 수없이 장치되어 있는 서랍에 기억이 순간적으로 출입할 수 있는 능력을……

나는 평소 메모도 전혀 하지 않고 필요한 것들을 너절하게 담아두었다가, 만일의 경우에 그것들을 서로 이어 끌어내곤 한다. 하지만 훌륭한 지도자를 만나보고 감동을 받은 것은 읽은 책이나 일기, 메모, 혹은 앨범이라도 실로 요령있게 정리되어 있는 점이다. 그처럼 바쁜 가운데 어디에 이와 같은 여유가 있었는지 실로 감탄스럽기만 하다.

기억에서 중요한 것은 머릿속에 많은 서랍을 만들어놓고, 차례로 들어오는 지식이나 경험, 사항을 순간적으로 정리하는 것이다. 이런 것들은 평소에는 잘 간직되었다가 만일의 경우 필요한 서랍이 한꺼번에 몇 개라도 끄집어 낼 수 있게 된다. 그리고 거기서 나온 기억의 단편이 교묘하게 이어져서 정확한 사실과 경우에 따라서는 거기에서 발상이 된 새로운 생각이 제출된다.

첫 대면하는 사람들로부터 받은 명함 뒤쪽에 일시, 용건, 취미 등을 써넣음으로써 그 사람의 인상을 강하게 남게 하려는 것도 하나의 방법일 것이며, 하나의 큰 일이 끝났으면 원고지 몇 장에 그 사실을 써놓는 것도 좋을 것이다. 아무튼 우수한 지도자가 되면 될수록 남을 압도할만한 기억력을 가지고 있으며, 그러한 자신을 언제까지나 유지하려고 에너지를 불태우고 있는 것이다.

축복 있으라, 기억력이여!!!